4点起床：晨型人时间管理术

杨玉萍 ◎ 编著

4 DIAN QICHUANG:
CHENXINGREN
SHIJIAN GUANLISHU

文化发展出版社
Cultural Development Press
·北京·

图书在版编目（CIP）数据

4点起床：晨型人时间管理术/杨玉萍编著．—北京：文化发展出版社，2021.6（2024.11重印）

ISBN 978-7-5142-3444-2

Ⅰ．①4… Ⅱ．①杨… Ⅲ．①时间－管理 Ⅳ．①C935

中国版本图书馆CIP数据核字(2021)第087204号

4点起床：晨型人时间管理术

4 DIAN QICHUANG：CHENXINGREN SHIJIAN GUANLISHU

杨玉萍　编著

出 版 人：宋　娜

责任编辑：周　蕾　　　责任校对：岳智勇

责任印制：杨　骏　　　责任设计：郭　阳

排版设计：辰征·文化

出版发行：文化发展出版社（北京市翠微路2号　邮编：100036）

发行电话：010-88275993　010-88275771

网　　址：www.wenhuafazhan.com

经　　销：各地新华书店

印　　刷：嘉业印刷（天津）有限公司

开　　本：710mm×1000mm　1/16

字　　数：142千字

印　　张：13.5

版　　次：2021年6月第1版

印　　次：2024年11月第2次印刷

定　　价：45.00元

I S B N：978-7-5142-3444-2

前言

4点起床？疯了吗？！看到这本书的名字，相信很多朋友第一时间就会有这样的感慨和质疑。但是，如果把书的名字换一下：你想准时下班吗？你想有更多的时间可以自由安排和支配吗？你想坚持学习和提升自己，给自己更大的发展空间和更好的未来吗？你当然会回答：yes。

对于大多数紧张忙碌的现代人而言，生存是最大的难题，如何更好地生存是最大的希望。然而，人的时间和精力毕竟是有限的，每天，我们每个人都只拥有24个小时，满足基本的生理需求，尤其是吃饭睡觉，就要花费8～10个小时，剩下的时间更是捉襟见肘：通勤需要时间，城市居大不易，越是在大城市里生活，越是需要花费更多的时间在交通方面；人际交往需要时间，对于朋友总不能等到需要用的时候再去联络感情；发展兴趣爱好需要时间，生活不只有苟且，还有诗和远方，做人总是要有点儿兴趣爱好，才能抚慰自己的心灵、满足自己的精神……看到这里，肯定有朋友会迫不及待想要说：时间最大的支出在工作上，每个人每天至少需要工作8个小时，而且大多数公司的老板都恨不得员工能通宵加班！老板怎么这么狠心呢？其实，老板并不像你所想的那样要榨取员工的所有价值，而是想让每个员工都人尽其才，从而实现价值最大化。对于老板而言，有这样的想法无可厚非。

此时此刻，我们都在抱怨工作永远干不完，等到有朝一日我们也当了老板，就会比现任老板有过之而无不及。不但老板想让员工创造最大价值，作为独立的生命个体，我们谁不想让自己的人生出类拔萃呢？从这个意义上来说，我们和老板的目标其实是一致的，完全可以成为一个战壕的战友。在积极心态的影响和作用下，相信我们对待工作会有不同的态度，与老板相处也会更加愉快。

工作的确消耗掉我们每天有限的24个小时中很多的时间，至少8个小时，也许是10～12个小时。这样一来，我们留给自己的时间真的所剩无几。作为成年人，身兼数职，既要照顾好家庭，又要做好工作，难免生出想要和孙悟空一样七十二变或者随时都能分身的绝世神功。当然，这个世界上根本没有孙悟空存在，我们也不可能和孙悟空一样无所不能。思来想去，我们只能从时间方面着手，才能让自己活得更加从容，也尽全力把很多事情做好。

在被这些难题困扰，面对悄然流逝的时间无计可施之后，再说起4点钟起床，你还会感到难以置信，也根本不愿意接受吗？也许你会担心4点起床导致长期睡眠不足损害身体，也许你会害怕自己无法舍弃繁华热闹的夜生活，也不能放弃在太阳照着的温暖被窝里和周公相会。如果我告诉你4点起床可以睡得足，身体更加健康，思维更加敏捷和活跃，而且只要你愿意完全可以戒掉赖床的不良习惯呢？你是否有些跃跃欲试，把自己每一天的时间都拉长，变得充实且精彩呢？

4点起床，到以往的9点上班，我们相当于多出来5个小时，这是一整个下午的时间，比上午的3个小时上班时间还要长很多。4点起床，我们原本短暂的一天就相当于拉长约1.5倍，就像一天之中有三个半天可以支配和使用一样。4点起床，我们无非损失了毫无意义的夜生活早一些睡觉而已，但是我们的每一天都会有翻天覆地的变化，我们的整个人生都会变得完全不同。仅仅听起来，这一切都非常神奇，不是吗？

4点，正是夜晚和凌晨的交会，这个时刻万籁俱寂，整个世界都处于沉睡的状态，你却醒来了。你是否会产生主宰世界的感觉？你是否认为此时此刻的自己是无所不能的？你是否为能够驾驭和掌控自己而感到由衷高兴呢？要想知道这些问题的答案，就请亲自去探寻。从接下来面对的第一个清晨开始，就坚持4点起床。一开始，你会觉得眼皮沉重睁不开眼睛，你还需要闹钟和意志力的协调作用来帮助自己摆脱浓重的睡意。但是渐渐地，你甚至会自己醒来，而无须被突然响起的闹钟惊扰了美梦。这一刻，你觉得自己是强大的，因为你掌控了自己，接下来，你会有足够的信心来主宰和驾驭世界！

4点起床改变的绝不仅仅是你的作息规律和生活习惯，还改变了你的心理状态和精神风貌。你爱上了4点起床，也坚持以这样的方式创造生命的奇迹！当然，不要光说不练，你要知道，唯有坚持才是奇迹诞生的唯一方式！

目录

Chapter 1

颠覆思维，

其实人类更适合早起

现代社会把很多人变成了夜猫子，但实际上我们人类更适合早起。在远古时代，祖先们就秉承着“日出而作，日落而息”的自然规律，进行生产生活活动。早晨，人体荷尔蒙分泌最旺盛，所以精力最为充沛，头脑也最为清醒。拉长早晨的时间，是很多人成功的铁证。很多人已悄然早起，你还在等什么？

1.4点起床，疯了吗？

当早晨的闹钟响起，有多少人会按掉铃声，再要赖般向周公借上几分钟，才勉勉强强、迷迷糊糊从床上爬起来，然后匆忙洗漱。在这样匆忙的早晨，大多数人连早饭都顾不上吃，就急着去赶公交、搭地铁，冒着上班迟到的危险开始一天的忙碌。当沉沉的深夜来临，有多少人躺在床上还不想睡，卸去一天的疲惫，只愿看看手机、刷刷微信，进朋友圈打卡……不知不觉间，时间悄然流逝，只想晚睡一会儿，再晚睡一会儿，享受这夜晚难得的静谧。

的确，繁忙的生活、工作的压力，让大多数上班族在白天像陀螺一样不停地旋转，甚至下班后还要加班。好不容易熬到深夜，即使再困再累也不愿意马上入眠，因为白天是属于工作或家人的，只有夜晚才是真正属于自己的，谁不想多享受一下这自由的时间呢？

总而言之，大多数人都在夜晚不想睡，在早上不想起。也许，大家都已经习惯了这样的生活，感觉每天都很忙碌且充实，每天的时间都很少，根本不够用。为此，生活陷入恶性循环之中，每天早晨起床时都感觉睡眠不足。日子年复一年，没有改变；工作日复一日，毫无起色。

即使大多数人都认同了这样的生活，也不代表所有人都这样忙乱地生活。和大多数人不同，有少部分人在黎明之前就早早觉醒，在他人还在酣睡之时就已开始投入工作。没错，他们就是凌晨4点起床，在太阳升起之前，他们沉睡的神经就已经变得精神抖擞，神采奕奕。

“凌晨4点起床？难道疯了吗？”相信许多习惯晚睡晚起的人听到这个作息概念，都会产生这样的反应，甚至觉得那些早起的人一定是哪根筋搭错了，才会不喜欢睡觉。的确，谁能在半夜一两点才刚入睡，凌晨4点就爬出温暖的被窝？谁能每天正常起床都感觉睡眠不足，再早起，那岂不是找虐？谁能在没有十万火急的事催着的情况下，起得那么早呢？况且，起得那么早，最早班的地铁都还没有运行呢，在家里摸着黑要做什么呢……

没错，我们有一千个晚睡的理由，也就有一千个不早起的借口。但是，无论我们怎样对早起的理念嗤之以鼻，早起都已经悄然而来，而绝不再是无稽之谈。早起，不是疯了的行为，而是人类走向成功之路的捷径之一。毋庸置疑，人人都怀揣着梦想，心理学家经过研究发现，大多数人的先天条件相差无几。那么，为何真正能够实现梦想的人那么少呢？调查显示，全世界范围内真正能够实现梦想的人只占据总人口的5%而已。那么，剩下95%的人都干什么去了呢？难道是他们主动半路抛下了梦想，被生活的琐碎淹没？究其原因，就是他们在实现梦想的路上，发现太累太难，于是渐渐放弃，心甘情愿地成为普通大众的一员，整天哀叹着日子平凡无聊却从来不想去改变。相反，那些坚持实现梦想的人都是与众不同的，他们不但在精神上和思想上最早觉醒，也会在每日的清晨最早迎接新一天的到来。

美国作家哈尔·埃尔罗德在《早起的奇迹》一书中极力推介早起，试图以此引导人们掌握早起的秘诀，真正改变人生。哈尔本人就是一个奇迹，他15岁就拥有了自己的电台节目，20岁便成为一名顶尖公司里最优秀和杰出的销售员。然而，命运总是爱捉弄人，正当哈尔在人生中志得意满之时，却遭遇了一场突如其来的严重车祸，甚至发生“临床死亡”6分钟，后来在医护人员的全力抢救下，他才从死神手中逃回到人世间。醒来后，哈尔面对的是天翻地覆的生活——他的大脑受到严重损伤，只能在轮椅上度过下半生。任谁受到这样的打击都会一蹶不振，更何况哈尔还是一个很优秀杰出的青年呢！然而，哈尔在车祸后的第二年便返回了公司，继续创造销售佳绩，依然当之无愧成为公司优秀的销售员。现在的他，不但能跑能跳，还是一位超级马拉松选手。是什么让哈尔从人生的低谷中再次焕发生命的力量，创造生命的奇迹？答案是早起与晨跑。他在晨跑时，悟出了一定要拯救人生的道理，此后每天都坚持早起跑步，做自己想做的事，彻底拯救了自己的人生、健康，还有财富与人际关系。

人在浑浑噩噩的忙碌中总会忘了自己心中想要什么，甚至不知道自己为什么这么忙。每天或有领导催着你完成计划书，或有员工等着你做出决策，或有家人巴望得到你的照顾……一事连着一事，你的脚步总是被他人催赶着往返折回，而在这样的奔波与忙碌中失去自我控制的能力。似乎生活总在路上，梦想总在远方。你想静下心来思考下面的路该怎么走，却根本无暇顾及。

早起恰恰能扭转这样糟糕的局势，改变如此恶劣的情况。每天早起一小时，起码你可以享受一顿悠闲的早餐，想吃得丰盛一点也完全来得及做。送孩子上学时，你不必再对孩子催三赶四，不会因为担心迟到而心烦气躁，甚至对家人大呼小叫。因为早起的你拥有充裕的时间，使得一切尽在掌握中，心情也必然愉悦。再早起一会儿，你还可以出门锻炼，呼吸外面的清新空气，让大脑更加清醒，内心更加宁静。再早起一会儿，你还可以看日出，看着旭日东升，你会油然感觉："早晨多么美妙，这将是美好的一天。"因为早早起床，你完全可以提前出门，错过早高峰，避开拥堵的人群，节省上班通勤时间。如果公司有早会，你还能提前到场，从容地准备与会资料。

更重要的一点是，如果能早起两小时，你可以在静谧中凝想自己的愿望，思考实现目标的步骤。如果你所从事的工作不是必须到公司打卡的，你完全可以将工作提前展开，在早餐之前就完成工作的重点。你还可以在早起的时间里做自己喜欢做平时又没时间做的事，甚至开展自己的第二职业都完全有可能。

有一位职业女性每天早晨5点半一起床，就开始做早餐，忙家务，喊醒家人起床，照顾家人吃饭，送孩子上学……这期间因为着急，免不了斥责磨磨蹭蹭的孩子，又拉着孩子匆匆忙忙出门，才能保证孩子上学和自己上班不迟到。每个早晨都是在忙碌和紧张中度过的，她的脾气越来越暴躁。总会听到她跟朋友抱怨工作多么忙，家事多么累，简直就是一个怨妇版“祥林嫂”。后来，她无意中听一位朋友说早晨4点起床，每天都出门晨练，家务、工作都料理得井井有条，不由得心生羡慕，又忍不住想：4点起床，也太早了点吧？虽然如此，为了拯救自己的每一个早晨，她还是悄悄把起床时间往前调整了半个小时。如此坚持了一周后，她感觉很不错，因此又把起床时间往前调整了半个小时。几周下来，她每天都能4点多起床，她惊喜地发现自己不仅有了晨练的机会，而且所有的家事和工作也都顺畅起来，情绪也莫名变得好起来。她不再动不动就冲着孩子发脾气，孩子也显得更加乖巧听话，还能在她的带动下一起早起晨练。因为每天坚持早起一小时，她整个人都精神焕发，生活似乎焕然一新。

早起，能让人从容不迫、精神饱满地应对一天的开始。早起，能增强人们掌控生活的能力。对于凌晨4点起床，如果你能每天都坚持，就会发现这不是疯狂，而是奇迹诞生的开始。

2. 夜猫子 VS 晨型人

夜猫子，顾名思义，就是专指那些晚上不睡觉、喜欢熬夜的人。当下社会的上班族大部分是“夜猫子”，这与职场竞争有关，也与当下发达的网络传播有关。有的上班族要加班加点熬夜做报表、赶PPT，有的上班族要忙于各种各样的职场应酬，有的上班族即使没有应酬能够按时回家，也总是喜欢打游戏、看电影……总之，各种客观、主观的因素叠加在一起，导致一大批人在深夜12点之后还没入睡，甚至有人会在快天亮时才上床。

白领小V就是一个典型的“夜猫子”。小V是职场新人，在公司里担任一定的职位，但职位不上不下，为此她对自己的现状并不满意。为了改变现状，小V曾经非常认真地规划了每天下班之后的时间，希望借此机会来提升自己的能力，让自己的发展更加全面。然而，每天晚上下班回到家里，小V不是觉得很疲惫，就是接受了朋友的邀约一起出去玩，为此计划上面落下了厚厚的灰尘，但是小V始终没有真正执行计划。相反，她每天晚上入睡都很晚，几乎没有在深夜12点之前入睡过，这导致她次日上班因为睡眠不足而哈欠连天，经常下定决心一定要早睡，却日复一日地拖延，结果非但没有学习和提升，反而连最基本的睡眠时间都不能保证。

在初入职场的前两年，我也曾有过同样的困境。每天下班前，我都会信誓旦旦地为空闲时间做计划："前几天看到一个甜点的做法，今天晚上实验一下""余华的作品集还没看完，晚饭后争取结束《许三观卖血记》""昨天遇到的那几个名词还没弄懂，7点前赶到图书馆，再去查一下《报刊编辑学》。"……诸如此类的计划不知道做了多少，最终却是毫无收获，我总是因为各种各样的事情而拖延执行计划，或者彻底把计划搁置起来。每当这时，我都会感到上学的时候才是真正学习的好时光，有同学可以同窗，有老师可以答疑解惑，还有学习氛围浓郁的校园环境激励和鞭策我们不断努力上进。然而，一旦走出校园，步入社会，这一切都不可能再次得到，为此我们需要学会一边工作，一边学习，且把学习作为终生坚持的好习惯。这样才能督促自己加速进步，充实成长，最终成就更加优秀和突出的自己。

人人都希望每天里的大段时间都不虚度，于是每天都会做充实的计划。不可否认的是，很多职场人士下班之后乘坐拥挤的公共交通工具回到家里，看到柔软的沙发，立刻就会转变念头："何必把自己弄得那么累？已经辛苦工作一天了，先窝在沙发里看个电影再执行计划也不迟。"结果往往是，等到看完威尔·史密斯的《当幸福来敲门》，心里感慨着这个黑人演员的演技真不错呀，听说他的《全民超人汉考克》

挺逗乐，于是把原定计划扔到一边，在视频软件里敲下《全民超人汉考克》进行搜索。

正是在这样的过程中，很多职场人士都变成了人们口中的“夜猫子”。做这样的“夜猫子”真的好吗？只有在夜晚短暂的时光里，我们才会感到快乐，而每当清晨来临，不得不顶着黑眼圈通勤，我们只会陷入无限的懊悔和自责之中，丝毫没有成就感和满足感。很多有着类似困惑的职场人士都会在一起吐槽入睡难和起床难的问题，却不知道要想真正改变这样的糟糕情况，摆脱这样的恶性循环，就要当机立断从现在开始养成早睡早起的好习惯。如果一个人总是半夜三更才睡觉，要想做到早晨 4 点钟起床当然是很困难的，因为每个人就像需要充足的营养一样需要充足的睡眠，所以保证睡眠的时间和质量很重要。要想在兼顾睡眠时间和质量的情况下坚持早起，就要将睡觉时间提前，这样才能让晨起水到渠成。

和“夜猫子”的晚睡晚起相比，晨型人就是那些坚持早起的人。他们有着良好的作息习惯，晚上早早睡觉，早晨四五点就起床。“晨型人”的概念最早来源于日本，可以说是与“夜猫子”生活形态相反的新型族群，他们早睡早起，抓紧利用上班之前的时间学习，或去补习班听课，或进行自我提升，从而努力为人生开拓不同的可能性。他们的口号是：你的未来，决战早晨。近年来，晨型人的生活概念已经从日本扩展到欧美与亚洲的很多国家，越是经济发达的地区，人们越注重生活方式的改变，也更加推崇早睡早起的健康生活模式。不得不说，晨型人所坚持的健康生活方式，正在悄然改变着这个世界的运转。

很多上班族都会有相同的感悟：虽然上班的时候，中午有休息时间，但总是有堆积如山的工作等着去完成，为此往往忙得连吃午饭的时间都没有，更何况休息或者做自己喜欢的事情呢？还有些人作为管理者或者经营者，常常利用一起吃午饭的机会和下属沟通感情，和客户拉近关系，为此根本没有时间做自己的事情，更没有时间午休。当太阳西下，晚上，他们或者加班，或者应酬，然后拖着疲倦的身躯回到家里，还要照顾孩子。等到终于洗完澡可以悠闲地躺在床上，还没看几眼书或者电视呢，就已经到了该睡觉的时间。由此可见，在身心疲惫的状态下，想要学习和提升自己是很难的事情。而且，在经过一天的紧张和忙碌之后，就算真的挤出来时间去学习，也很难取得良好的效果。那么，到底要怎么做才能腾出更多自己可以有效支配的时间呢？思来想去，很多时间的漏洞都已经被堵住，那些对于生活有深刻感悟的人意识到必须把时间向着早晨延伸，这样才能获得更多可供自己自由支配和使用的时间。早晨，家人们都在睡梦之中还没有醒来，周围一片寂静，如果能够坚持早起，完全可以做自己喜欢和感兴趣的事情，也可以未雨绸缪先制订一天的计划，把一天之中重中之重的事情处理好。唯有如此，才能更加成为时间的主人，真正地主宰和驾驭时间。

曾经有时间管理专家提出，对于“晨型人”而言，时间管理就是要“注重效率”“运用密度”与“化零为整”。例如，晨型人会更加注重如何提升做事情的效率，把原本需要三小时才能做好的事压缩在一小时内高效率地完成；晨型人还会利用早上搭车的零碎时间，做一些小事情，如准备资格考试，或者运用移动设备有效处理事情等。正如大文豪鲁迅先生说的，时间就像海绵里的水，只要愿意挤，总还是有的。为此，晨型人正是从早晨挤压出来属于自己的大段时间，也会根据事情的规模、内容来有的放矢利用零碎的时间处理好各种事情。时间是组成生命的材料，晨型人正是根据生命的规律来合理且充分地利用时间，提升人生的效率，让人生有更加丰富的收获。

如今，在世界范围内，越来越多的人开始关注早起，关注晨型人，也有意识地想要改变自身不良的生活习惯。关于晨型人的一些著作在很多国家热卖，如《晨型人的成功哲学》《给晨型人的建议》《晨型人的生活革命》等，这些书籍不但在日本获得热销，在韩国等国家，也大卖特卖。随着晨起的概念得以推广，韩国甚至正式掀起了吃早饭运动，很多因为睡懒觉而从来不吃早饭的人，现在也能够早起片刻让自己的胃得到充实和温暖。看起来，晨起是在改变人们的生活方式，实际上，晨起也在无形之中改变着人们的人生观、世界观、价值观等。

对于睡眠，很多人都存在误解。例如，有相当一部分人认为饮食对于身体是最重要的，而睡眠的作用大大降低，也有人觉得在缺少睡眠的情况下，只需要好好睡个饱觉就能弥补此前睡眠的缺乏。不管是前一种观点还是后一种观念，都是错误的。因为人是有血有肉的生命有机体，而不是机器，可以在耗尽所有的能量之后加油、充电，马上又恢复充足的动力。科学研究向我们证实，一个人如果不能坚持自律，始终早睡早起，而是在连续熬夜之后蒙头大睡二三十个小时，会严重降低自律性，导致自己未来在做很多事情的时候都随心所欲，此外，从身体健康角度而言也是极其不利的。

很多二十几岁的年轻人每天都加班熬夜，还经常在疲惫地结束一天的工作之后和朋友们在一起胡吃海喝，或者去夜店疯狂玩乐。这是因为年轻，身体很强壮，所以受到这样的伤害并不会马上呈现出负面影响，一旦过了三十岁，再这样随心所欲、不注重规律作息和健康养生，就会导致身体出现各种不适的症状，甚至会导致疾病的发生。所谓积重难返，身体也是如此。当身体承担过重的压力无法返回来，就会彻底受到损害。身体的很多改变是不可逆的，虽然发生和发展的速度很慢，但是一旦酿成恶果，根本无法有效地修复。朋友们，如果你已经是而立之年的人，那么再也不要仗着自己年轻力壮就无视别人的好心劝说，也不要对各种健康和养生的话题视若无睹，而是要更加注重保持规律的作息，向健康的“晨型人”看齐吧！

作为朝九晚五的上班族，虽然听起来下班还挺早的，大多都在下午五、六点钟，但是巨大的工作压力和激烈的社会竞争，使得很多职场人士在下班之后都会加班，又因为城市居大不易，他们为了降低生活成本往往住在远离市区的郊区，这样一来，就会导致下班回家之后早则七、八点钟，晚则九、十点钟。为此，等到吃饭的时候已经很晚了，根本无法保证及时入睡。

那么针对这些身不由己的上班族，如何才能做到早睡，从而保证早起呢？一则可以把房子换到距离工作地点更近的地方，从而减少路上浪费的时间；二则可以下班之后在单位附近吃饭，从而提早吃晚饭的时间，也让胃部有充足的时间来消化食物。对于早起，除了做自己想做的事情之外，还可以提前出门奔赴单位，这样一来，路上车少人稀，还可以利用路上的时间学习。坐车的人可以看书，而开车的人可以听录音，这些都是充分利用时间的好方法。总而言之，人人在生活和工作中都会遇到各种困难，切勿向困难缴械投降，而是要让自己想方设法战胜困难，也让人生有更合理的安排，让时间得以更加充分的利用。

3. 趋向清醒 VS 越来越迷糊

早上和晚上，即使时间的量是一样的，但时间的质是不一样的。同样是工作 8 个小时，一大早就开始，与拖到中午甚至下午才开始，完全是两种不同的状态。

A 小姐是奉行早起的晨型人，她的同校好友 B 小姐则是个“夜猫子”。还在上学时，A 小姐每日早起晨读，功课学得很好。而 B 小姐则喜欢夜里读小说，白天上午的课经常因为晚起而逃掉。毕业后，她们竞聘到同一家公司上班，开始了职场生涯。

A 小姐仍坚持早起，每天 4 点多就起床。简单洗漱后，她先喝一杯水，给大脑补充养分，使大脑完全清醒，之后列出当天工作内容，找出重点，提前准备需要的资料。如需向领导汇报工作，她会提前写好邮件发给领导，这样一来，领导就可以在上班后的第一时间收到她的邮件。大概一小时后，她很轻松地厘清了一天的工作安排。

5 点半左右，A 小姐会出门慢跑半小时，感受早晨明媚的阳光和清新的空气。即使在夏天，清晨的太阳也只会使人感到温暖，而掩去了燥热。遇到天气不好的日子，她会待在家里练习瑜伽。经过运动，A 小姐丝毫不觉得疲惫，相反，大脑越来越清醒，体力也越来越充沛。6 点多，她开始准备早餐。因为时间充足，她常常将早餐做得花样繁多且营养丰富，不仅增强了食欲，还增加了早餐带来的愉悦感和满足感。在悠闲享受一顿丰盛早餐的同时，她还会听音乐或看早新闻。这样一顿早餐不但让她心情愉悦，也为她整个上午的辛苦工作提供了充足的养分。

7 点钟，A 小姐准时出门。这时候，搭乘地铁的人还没那么多，她上车后很容易就能找到一个空位。避开拥挤的人潮，她觉得身心舒畅，就这样气定神闲地翻开随身携带的书，开始静心阅读。虽然她每次都需要乘地铁近 1 小时才能到达公司，但她从来不觉得这 1 小时是浪费时间，因为她充分利用这 1 小时来给自己“充电”。置身于安静的车厢和陌生人之间，她更能够把所有的注意力都集中在书本上，因此学习效率很高。从科学的角度而言，脑细胞的活化程度，在早上 1 小时能抵得过晚上 3 小时。A 小姐每天都拥有这宝贵的 1 小时，1 个月下来，就有 20 多个小时可以充分利用，为此看了好几本书。几个月之后，她不仅利用这段乘车时光熟悉了公司企业文化和浩繁的内部资料，更看了大量相关行业书籍，为每天的工作打下了坚实的基础。

每天，当 A 小姐搭乘地铁路程过半的时候，B 小姐才勉强睁开惺忪的睡眼，从床上爬起来。虽然她住得离公司比较近，但是为了防止堵车，必须在 8 点之前出门才能按时赶到公司。因为起得晚，她常常顾不上吃早餐就匆忙出门。早餐是一上午的能量来源，吃早餐不仅能活化五脏六腑的机能，更能使大脑活跃起来。而不吃早餐，别说用脑，就连身体也感觉疲惫无力。B 小姐也担心长此以往会影响身体健康，所以会在路边胡乱买点吃的，抱着“随便吃点总比空腹好”的想法，草草吃几口。殊不知，仓促吃早餐，或者吃得过多，都会使大量血液集中在胃部促进消化，而减少流入大脑的血液，导致头脑昏昏沉沉，思路不清晰。

到了公司，对当天工作毫无准备的 B 小姐，时刻都有一种被人追着跑的感觉，压力倍增。又因为前一天晚上没睡好且早上也没吃好，她每天上午的工作状态都很差，常常头脑昏沉，在工作上难以理出清晰的头绪，做事情总是拖泥带水，漏洞频出。

反观 A 小姐，因为早起出门前就为当天的工作做足了准备，所以脸上总是洋溢着自信的微笑，做事从容不迫，完全掌控了工作的节奏，不仅能够把手上的工作做得精准到位，还能方便其他同事。时间久了，大家都喜欢跟 A 小姐共事，而对 B 小姐颇有微词。

晚起令 B 小姐一上午浑浑噩噩，手忙脚乱，到了下午是不是能好点呢？事实远没有想象得那么乐观。因为没吃好早餐，上午又压力颇大，到了中午，B 小姐总想多吃一点、吃好一点来犒劳自己，缓解压力。但因为吃得过饱，中午公司又没有午休的地方，为此她在下午工作开始后又昏昏欲睡。好不容易到了 3 点之后，她的头脑才略微清醒，遗憾的是下午时间已经过了大半，但是还有一大堆工作没有完成呢。

5 点半，早早完成工作的 A 小姐轻松下班，而 B 小姐的工作远远没有结束，她不得不留下来成为加班族的一员。在A小姐与家人或友人享受晚餐时，B小姐还在公司里“奋战”，下班遥遥无期。7点之后，公司里加班的人越来越少，周围环境安静下来。B小姐想静下心来，集中精力应对未完成的工作。但这个时候，她的身体非常疲劳，荷尔蒙的分泌正在减少，为此她很难做到高度集中注意力，判断力也随之下降，此时处理工作的效率根本无法与早起时相提并论。

晚上9点，A小姐洗漱完毕，进入放松的睡前时光。而B小姐才刚刚从公司出来，拖着疲惫的身体到附近的餐馆就餐。等她吃饱喝足回到家时，已经将近夜里11点了。这个时候，虽然很累，她却如释重负，觉得自己终于走完了“山路十八弯”，怎么也不愿轻易睡去。为了犒劳自己，她忍不住打开手机或电脑消磨时间，直到夜深了，才依依不舍地与这一天说再见。B小姐每天都在重复这样的生活，晚睡与晚起周而复始，最终陷入恶性循环。

实验证明，晨型人的计算速度比“夜猫子”要快。一般，早上5点起床的人，大脑集中力的巅峰在下午1点到5点的四个小时，而“夜猫子”的集中力巅峰在晚上9点到11点的两个小时。也就是说，晨型人的大脑在白天是趋向清醒的，在下午达到巅峰。而喜欢熬夜的人，在白天会比较迷糊，即使在晚上头脑清醒，却又错失了最适宜的工作时间。而且，晨型人集中注意力的时间比“夜猫子”们要长。这也就说明，晨型人工作效率更高，而“夜猫子”们的工作效率比预想中要低很多。相比之下，“夜猫子”的实际工作时间比晨型人多，或许超过一天8小时，但有量而无质，真正有效的工作时间并不多，为此导致他们工作效率低下，在工作上很难做出成绩。

有些人说，我喜欢熬夜，乐于熬夜，也可以通过熬夜提前准备工作资料。所以我不必第二天早起，同样可以像晨型人那样把工作做到前头。然而，事实真的会这样吗？有关调查数据显示，喜欢熬夜的人大都性格消极内向，且缺乏自制力。到了晚上，他们更容易自我逃避，放纵于酗酒或打游戏，以逃避白天工作的压力或世俗的目光。以熬夜的方式奋战于工作的“夜猫子”，大多是迫于压力而不得不为，为此他们之中很少有人能够主动为未来工作做准备。退一步而言，即使是因为后者而熬夜，熬夜的质量比得上晨型人早起处理工作的效率吗？

答案当然是否定的。人的身体在夜里11点之后，各个器官都需要休息，如果强行让身体劳作，便是以损害身体健康的代价去熬夜。又因为是强行劳作，违反了人体生物钟，那么大脑的运转速度和清醒程度是远远达不到预期的。对此，大部分熬夜的人都深有体会，即使坐在电脑前，也会因为身体疲惫、大脑昏沉而犯迷糊。如果要做报表等精细工作，极易错漏百出。而工作一旦有错误，表面上看是提前完成了，但交给公司之后造成的恶劣后果可能比延后更可怕。

由此可见，能早起的人胜在能更容易地把握工作的节奏，并且会有更多时间专心享受属于自己的生活。所以，能支配早晨的人更能支配自己的人生。相反，晚睡晚起的“夜猫子”们会渐渐输在一个“晚”字上，因为人的大脑很诚实，当一个人起得很晚，大脑自然活跃得晚。如果我们想搞疲劳战，还想让大脑高速运转，只会导致事与愿违。

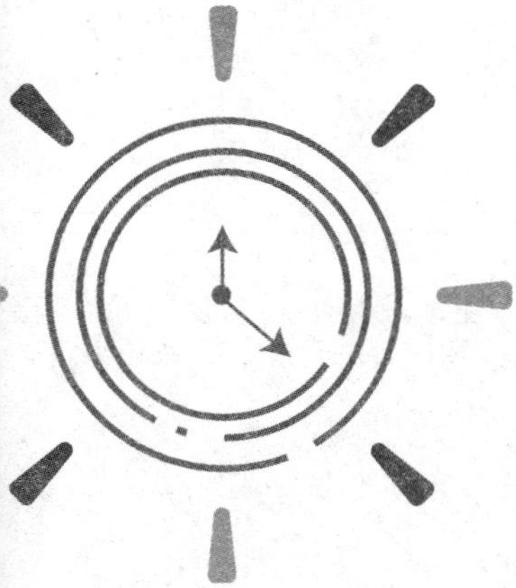

4. 早上荷尔蒙分泌更旺盛

我们先来说说，荷尔蒙是怎么回事。“荷尔蒙”一词源于希腊，意思是激活。

在医学上，荷尔蒙就是我们通常所说的激素，是人体内分泌系统分泌的能调节生理平衡的激素的总称。它们可以通过调节各种组织细胞的代谢活动来影响人体的生理活动。简单来说，荷尔蒙不但影响一个正常人的生长、发育及日常情绪表现，更是维持体内各器官系统均衡运作的重要因素。所以，一个人是否身心健康，荷尔蒙起着举足轻重的作用。同理，一个人是否能精力充沛地工作，荷尔蒙必不可少。

人体内的荷尔蒙分泌会随着年龄的变化而变化，在每一天中的每个时间段，分泌量也是不断变化的。研究证明，人体内能让生物钟稳定的最重要的两种荷尔蒙是肾上腺皮质素（由副肾髓质分泌）和肾上腺皮质类脂醇（由副肾皮质分泌）。肾上腺皮质素主要调节人体内的糖代谢和水盐代谢，是人体精力的根本。人在遇到各种有一定难度的问题时，体内会自动分泌荷尔蒙，帮助人鼓足勇气，激发潜力。所以，肾上腺皮质素也被称为“火灾现场的爆发力”。在工作中，如果上司对你说：“你的肾上腺激素还不够哦！”这其实是在鼓励你激发自身的潜力。

肾上腺皮质素要游走到全身各个细胞组织，需要肾上腺皮质类脂醇的帮助。所以，这两种荷尔蒙是保证人体精力不衰的重要根本。那么，它们在一天中的分泌变化是怎样的呢？研究表明，这两种荷尔蒙都在早上分泌旺盛。它们从天亮时开始增加分泌，到7点左右时达到高峰。而凌晨0点到3点，这两种荷尔蒙的分泌量都达到最低，大概只有早上7点高峰时期的1/3。

这个人体节律在原始时代就出现了，延续了数百万年，形成了人体的生物钟。因此，可以说人类最早是作为“晨型人”出现的。从原始时代开始，人类就不断上演着早起狩猎、捕鱼、农耕的生活情景。延续至今，我们只有遵守这个节律，才能发挥自身最大的体能和潜力。而这一点，已经被越来越多的“晨型人”重视并实践着。所以不难理解一些企业家习惯早起，并在7点左右处理较为困难的工作，这正是利用了体内荷尔蒙达到最高峰的缘故。

既然荷尔蒙在早晨7点达到分泌高峰，那么人类最佳的作息模式至少在早晨5点之前起床。如果想做的比别人更多，那么还可以提前到4点起床。这样一来，我们就可以在身心充满肾上腺激素时完成手头上最重要的工作，怎么会不精准高效呢？

当然，以这个时间点往前推算，要保证在早上5点之前起床，必须在前一晚10点到12点上床睡觉。这是理想的生活模式，也是最适合人体节律的生活模式。有人说："我就是天生的夜猫子，早上不愿起，而晚上倍儿精神。"其实不然，这不过是你不断无视自身既定生物钟而后天形成的习惯而已。人体的节律最早是按照"晨型人"来输入记忆并存储的。

反过来讲，人体之所以在凌晨0点到3点分泌荷尔蒙最少，就是为了让人在这个时段获得安稳而深度的睡眠，以恢复体力。如果在这一重要时段不休息，就违反了人体生物钟。时间久了，就会使人出现失眠、睡眠障碍等症状。熬夜毁掉的不仅是睡眠，更是健康。由此可见，我们提倡早起工作不仅是为了更好地工作，更是遵循了体内的生物节律，让生活更健康。

在日本，有人提出医学见解，认为"气"对人的健康具有重要作用。早起可以让人体获得三种气——精气、元气和锐气。精气，即能量，是万物诞生发展的根本之气；元气，即活力，是活动时的气力；锐气，即精神，是敏锐、坚强的气质与气势。这三种气充满于体内，相互循环作用，就能给人的生活带来满满的动力。人，原本就是靠这样的气力而活，只有源源不断地为身体注入新鲜的气力，才能使身心健康。显而易见，日本医学上所说的"气"，跟身体荷尔蒙的分泌有密切的关系。只有顺应体内荷尔蒙的分泌变化，遵循原始的生物节律，方能使我们的身体发挥最大的机能和潜力。

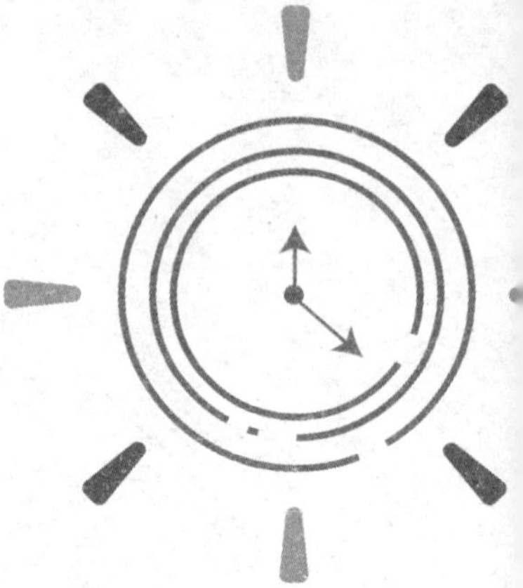

5."一日之计在于晨"不是在"炒冷饭"

"一年之计在于春，一日之计在于晨"，这是我国古代的一句俗语。关于这句话的记载，最早见于南朝梁元帝萧绎编撰的《纂要》中。梁元帝是位有才华爱读书的君主，虽然在政治上遭人诟病，是亡国之君，但他在学术上却颇有建树，著有《孝德传》《注汉书》《周易讲疏》《老子讲疏》《全德志》等，在中国文论史上占有一席之地。

这位有名的才子皇帝早在1500多年前就提出"一日之计在于晨"，可见那时候，人们已开始重视早晨这段宝贵的时光。到了唐代，宋若梓、宋若昭姐妹（唐代著名才女）在所著的《女论语》中又重申："一年之计，惟在于春。一日之计，惟在于寅。"寅时，是3点到5点，自然是指清晨。到了明清时期，人们将"一年之计在于春，一日之计在于晨"编入《增广贤文》，教儿童诵读。

古代没有电灯，天黑了能挑灯夜读的人绝对是家底较为殷实的，要不然也不会有"囊萤映雪""凿壁借光"等励志故事出现。所以，在漫长的古代时期，在每个漫长的夜晚，大部分读书人都会遵循日落而息的习惯，这就使得早上天刚放亮的时光十分宝贵，当然争分夺秒把早晨的天光用于读书学习。

早起不但可以读书，更利于养身。曾国藩就是重视早晨、奉行早起的楷模，他曾说，“早起为养生第一秘诀”。这是告诉人们吸收晨光，可以振奋精神。在他的教导影响下，曾家人人都“黎明即起，洒扫庭除”，就连他手下的幕僚、将领等也全都效法，没有一个人敢睡懒觉的。

现代社会，我们不仅有了电灯、电话，还有了电脑、手机等各种电子产品，可以一天 24 小时工作学习，也可以一天 24 小时娱乐消磨时光。于是，我们有了各种各样深夜不睡觉的理由，现代化的自由与残酷，将一大批人变成“夜猫子”，似乎熬夜已成为现代都市人的常态。

如果你要求一个年轻人早晨四、五点钟起床，大概要被嘲笑：“开什么玩笑，我可不是老年人。”“‘一日之计在于晨’？那是老黄历，可别拿老祖宗的那点家训来要求我们新新人类！”

人免不了都会有烦恼，有负面情绪爆棚的时候。而负面情绪常常会让人在一念之间，导致事业的失败。川村先生说：“早起能够将负面思考的轨道修正到正面思考的轨道上。能够支配早晨的人，往往更能支配自己的人生。”他还说：“一个夜型人，并不适合在公司里担任管理高层。”原因是“夜猫子”大多有强烈的消极倾向，没办法正向思考。相比之下，晨型人早上精神很好，不管遇到什么事都相对积极一些，不会被负面情绪左右。

的确，早上是我们精力最充沛的时刻，因为经过一晚上的休息调整，不论是身体还是精神都应该在最佳状态。所谓“好的开始就是成功的一半”，当你沐浴着清晨的阳光，昨日的烦恼已随风而去，你又能满血复活，满怀希望和信心地来面对新的一天。在每个早晨，我们都要给自己这样积极的心理暗示，久而久之，我们的工作和生活就会发生翻天覆地的变化。

“早起三光，晚起三慌”，起得早，事情自然办得细致周到些，对身体也有好处。而起晚了，时间不够用，事情也就会做得马马虎虎。早起，更能让人明确自己的人生目标。每天早上让头脑清醒十几分钟，就能让自己集中在努力的目标上，有计划有步骤地向着目标迈进，而不是每天忙来忙去，却说不清自己在忙什么。早起，更能发挥一个人的长处。因为起得早，时间上优于他人，内心的那份从容会激发你的灵感，使你更胜任工作。早起，会将消极的阴霾一扫而空，让生活换了天地。

Z先生是一位职业作家，他几年前辞去工作，专门在家码文字。但是因为新作没那么受欢迎，他变得有些消极，常常一晚上一晚上地不睡觉打游戏、看视频来排解内心的忧虑。时间久了，生活规律被打乱，他整个人变得更消极了。每天快到中午时，他才从床上爬起来。草草吃完午饭，便坐到电脑前，但往往坐一下午，也构思不出一个好的故事情节。到了傍晚，妻子和孩子都回家了，他还在作品乱糟糟的思绪里一头雾水。深夜，家人都睡了，他内心却莫名地焦虑，无法安眠。

Z先生很想改变这种局面，却无法从消极的情绪中走出来。有一天，他听到女儿跟外人说：“我爸爸啊，他就是个大懒蛋，每天都不起床。”

孩子的无心之语让他倍感惭愧，倒不是怕丢人，而是不想在女儿心里变成一个懒人。从此以后，Z先生下决心改掉熬夜的毛病。既然工作上难以突破，想在生活上做改变还是相对容易的。他一开始强迫自己早上7点起床，坚持了一周，又将起床时间提前到6点。这样，他不但能正常作息，还能为家人准备早餐。妻子和孩子都惊喜于他的改变，家庭生活更和谐了。

当然，他自己并没有满足于这些改变。每天的早起让他渐渐恢复了自信，写作上也有了新的思路。他起得一天比一天早，渐渐可以四、五点就起床。他发现，早上是写作的好时光。当清晨的第一缕阳光照进书房，他已经写完当天的重要章节。这种进步让他很有成就感，而这种感觉更令他身心愉悦，失眠症也不治而愈了。

早起的实例证明，无论是谁，当与早晨的阳光自然接触，都会不由自主地敞开心房，展现出自己好的一面。每天珍惜早晨的时光，不断奋进，你会变成更好的自己。如果能够支配早晨，你就能支配自己的人生。

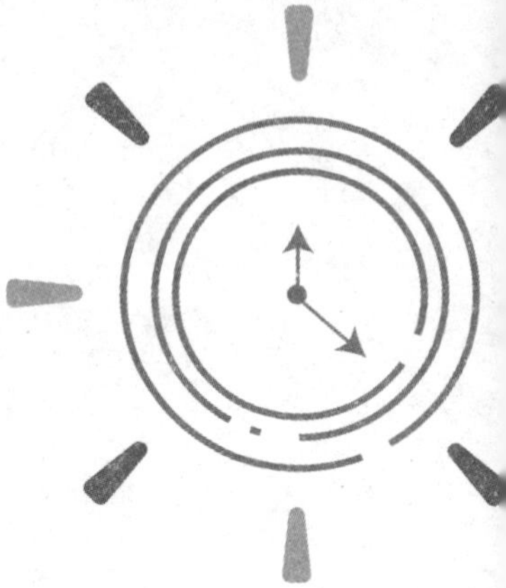

6、借力自然——日出而作，日落而息

“日出而作，日落而息”，最早是用来形容劳动人民单纯朴素的生活。传说，在大约4000年前的尧帝时代，天下太平，百姓安居乐业，一位八九十岁的老人唱出了一首《击壤歌》：“日出而作，日入而息。凿井而饮，耕田而食。帝力于我何有哉！”意思是说：太阳出来起来劳动，太阳下山休息养生，打一口井用以饮水，整理田地种出五谷丰登。这样的日子有何不自在，帝王的权力跟我有什么关系？的确，对于平头百姓来说，能“日出而作，日落而息”，过着单纯平静的日子，何尝不是一种逍遥与幸福？

日出时醒来，日落时睡觉，这是人类最原始的生命规律，也是最自然的形式。所以，“日出而作，日落而息”，后来也指人们有规律的作息生活。在人类社会发展初期，火还没出现的时候，人类只能借助天光，借力自然，跟随外界的日夜交替而劳作休息。久而久之，便形成了这样的习惯和规律。几千年来，劳动人民一直遵循着这样的规律，日出渔猎、采集、耕种、行商……日落则倦鸟归巢，繁衍生息，周而复始。

南朝鲍照在《行药至城东桥》诗中云：“鸡鸣关吏起，伐鼓早通晨。”唐代温庭筠在《商山早行》中写道：“鸡声茅店月，人迹板桥霜。”清代顾炎武也有诗曰：“燕市鸡鸣动客轮，九门驰道足黄尘。”这些诗词都足以说明，古人们都遵循着清晨而动的习惯。我们的身体，从古至今，都是适合白天劳作，晚上休息。早上，尤其适合脑力劳动和体力劳动。到了现代，也许对于上班族来说，早上4点起床有点奇怪，但对于从事农业劳作的农民们来说，这种生活模式仍是顺理成章。

据日本一项各行业时间分配调查数据显示，农林渔业者平均每天劳作5小时26分，其中10%的人早上6点多就开始工作，有90%的人下午6点多就结束工作。几千年来，农耕一族都是这么过日子的。而“文职类、技术类”行业者平均每天工作8小时以上，90%是早上七、八点开始工作，10%的人晚上9点多了还在加班，这是典型的商务人士的工作时间。而那些从事教育、艺术、写作等自由职业者，平均工作6小时40分，他们大多开始工作都较晚，10%的人要一直工作到深夜。

除了从事农林牧渔行业的人，其他行业的人难道不需要遵循“日出而作，日落而息”吗？当然不是。人体遵循了几千年的生命规律，是无法在短期内改变的。如果硬要把自己改造成“夜猫子”，该休息的时候不休息，该起床的时候不起床，只会让身体叫苦不迭。我们知道，身体的运动机能和机能作业效率都是受体内生物钟控制的。在每一天的不同时间段，这些能力也自然会出现波动。据研究，人体体温在下午2点达到高峰，而在凌晨2点时降到最低。体温之所以上升是因为体内的能量被燃烧，而身体的机能也因此而活化。所以，在体温上升阶段，从事适当的活动，是提升工作效率的关键。脑部也是如此。从早晨起来到下午2点左右为止，是行动最有效率的时间段。如果我们想办法把这个时间段延长，早一些起床，有意识地从事提升体温的行动，就能使身体机能早些开始运动，并活化大脑。

不管是哪种工作，大概可以分为两种：体力和脑力。单纯用时间量来衡量的工作，可归为“简单操作”，称为“job”；而要靠动脑子完成的工作，才称为“work”。work不能单纯用“量”来计算，因为别人关注的是你工作完成的“质量”，而并非时间累积的“数量”。

这类工作非常注重大脑的使用。如果你经常熬夜，得不到充足的睡眠，大脑就会疲劳。而大脑疲劳，带来的直接后果就是不能进行有效的逻辑思考，大脑的α波（脑波之一，连接意识和潜意识的桥梁，能促进灵感的产生）无法活跃，你的直觉会陷入停滞。逻辑思维发挥不了作用，左脑和右脑的功能都会受到影响。可想而知，这样的状态你是无法想出有创意的点子的。在此期间，即使你能坚持在办公桌前不睡觉，也只是熬过无效的工作时间而已。

那些熬夜工作的人大部分都出于无奈，从事的也可能是自己不喜欢的工作。你的潜意识里在叫嚣：“不干了，不干了。”但另一个声音却在不断提醒你：“不行，不干就可能被炒鱿鱼。”于是，身心在这种进退维谷的状态下不情不愿地工作，又怎么能保证工作的质量呢？

所以，无论是农林牧渔行业者，还是商务人士、自由职业者等，最佳的作息模式都是“日出而作，日落而息”。迎着朝阳向自然借力，那是顺应天地；而日落不息，日出不起，那是违逆天地。事实证明，借力于自然，总会打败“逆天而行”。

我们不妨把每天的上床时间提到晚上10点之前，而将起床的时间提到5点之前。这样一来，你的整体睡眠时间并没有减少，不必担心睡眠不足。睡得好了，身体机能自然正常活跃，充满能量，这个时候去工作，也就事半功倍。

帕特·弗林是一位在线企业家，他喜欢熬夜，以前从没想过早起，并认为熬夜也能将工作和生活安排得井井有条。但是当他尝试早起后，赫然发现自己不仅注意力比以前提高了，情绪也发生了积极的改变，而且也知道如何发挥自己的潜力了。这说明，即使作为一位成功的企业家，也不妨试试从“夜猫子”的生活中脱离出来，改为“日出而作，日落而息”，也许就能获得更大的成功。

7. 铁一般的佐证：成功人士爱早起

单就事业是否成功而言，世上无非两种人：一种是成功人士，另一种是非成功人士。如果我们肯花心思去研究那些成功人士的成功秘诀，就会发现他们有惊人的相似之处，那就是珍惜时间，做时间的掌控者。如何与时间赛跑，比别人更能将时间用在“刀刃”上？其中不少人选择早起，做一个晨型人。当大部分人还沉浸在梦乡，与周公相会时，他们已早早起床，投入工作或锻炼，开始了新一天的能量吸收与释放。

如若不信，我们不妨先来看看那些商业大亨、精英的起床时间表。

蒂姆·库克，苹果公司现任 CEO，这位科技巨擘在业界以早起闻名。公司职员们每天都会在清晨收到他发来的邮件，且对此习以为常。库克每天早上 3 点 45 分起床，开始处理一天的重要邮件。5 点钟准时进入健身房，然后第一个到达办公室，每日如此，且几乎不休年假。虽然库克未必能让苹果产品继续延续乔布斯时代的辉煌，但他确实身体力行，证明自己是世界上最具价值公司的 CEO。

比尔·格罗斯，太平洋投资管理公司的创始人，全球最大债券基金的老板。他投资债券领域超过 30 年，在全球债券市场上的影响力恐怕无人能及，曾形容债券投资就是一场游戏。这位债券天王也有着早起的习惯，他每天大概 4 点半起床，然后查看全球的市场行情和消息，6 点钟便准时坐到了办公桌前。

布雷特·约马克，布鲁克林篮网队 CEO，也是全美 NBA 界最年轻的 CEO。他的起床时间同样令很多晚起者汗颜。3 点半他就离开睡床，4 点半便出现在了办公室，然后开始一天的工作，发邮件或制订计划之类。即使在周末，他到达办公室的时间也是 7 点钟。

玛丽莎·梅耶尔，雅虎前任 CEO，曾为谷歌最有权势的女人。这位集美貌与智慧于一身的铁娘子，是个不折不扣的工作狂，曾被媒体誉为“机器人”。她有过一天工作 15 个小时，同时负责 20 个项目的纪录。梅耶尔做事雷厉风行，同时也是早起奉行者，通常每天只睡 4 ~ 6 个小时。

李健熙，三星集团创始人，韩国首富。他要求公司职员每天 6 点半上班，而他本人要比员工早半个小时，也就是 6 点钟到达办公室。对于这一点，他的员工们认为，总裁自有总裁的道理。

看完这份时间表，我们不难得出结论：早起与成功有着某种必然的联系。想要获得异于常人的成就，就要拿出倍于常人的时间。而这多出来的时间，最有效的方式是通过早起获得的。

我国除前面讲过的曾国藩外，还有许多名人也都有早起的传统。《颜氏家训》里便有“黎明即起”的句子，晋代祖逖闻鸡起舞的故事也是众所熟知的。到了清代，早起更是清皇室的规矩。作为清代最勤政爱民的大boss——康熙皇帝每天都是清晨4点起床，没错，就是4点。康熙起床后，第一件事是读圣训，即阅读记录前代帝王言论和教导的训言，然后再去上早朝，处理政务。康熙之后的雍正、乾隆……无一例外，都要早起。至于皇子皇孙们也没有睡懒觉的特权，大约5点钟就开始早读功课，而王公大臣们则三更半夜就得进东华门，打着灯笼去早朝。Boss早起，臣僚又岂能贪睡?

近代著名文学家梁实秋也是一位提倡早起的人，还曾专门为此撰文《早起》，其中曰：“（诸多）早起是每人每日所做的第一件事。这一桩事若办不到，其余的也就可想。”梁实秋一生留下了诸多散文著作，更以毕生精力完成了《莎士比亚全集》的译作。他曾笑言，翻译《莎士比亚全集》必须具备三个条件：第一，必须没有学问。如有学问，他就去做研究、考证的工作了。第二，必须不是天才。如是天才，他就去做写小说、诗和戏剧等创意工作了。第三，必须能活得相当久，否则就无法译完。很侥幸，他具备了这三个条件。前两条“有没有学问”“是不是天才”姑且不论，单就“活得久”这条，说明翻译工作需要大量的时间。梁实秋在他“活得久”的岁月里，还秉承了“起得早”这一习惯，从而完成这部皇皇译作。

国学大师季羡林是梁实秋的好友，在作息安排上，他们如出一辙。季羡林一生笔耕不辍，他涉猎的国学、佛学、印度文化、西方文化等研究领域，人们至今难以望其项背。曾有人很不解地问季老：“您每天那么忙，又要讲课，又要作报告，又要做研究，哪来的时间写作啊？”季羡林回答：“我每天3点起床，写到7点，然后去校园散步，到了中午，就可以和大家聊聊天，做其他事情了。”也就是说，当北大学子们在校园早读、跑步的时候，季老已经完成了一天重要的写作工作。他每天的早餐极其简易，泡一杯茶，吃几片馒头，嚼几粒花生米就可以了。他的早起，坚持了几十年，对家人来说，并不是什么负担。

讲了这么多，起码说明一点，越成功的人，越习惯早起。那些喜欢趴在被窝睡懒觉的人，大抵与成功无缘。当然，我们不一定要做IT大佬、行业精英，也不一定要做政治人物、文化名人。但我们总要做自己，做一个有价值的人，那么，就不能浪费生命出场的机会。想要活得精彩，想要活得与众不同，就不要把时间消磨在无聊的游戏与诸多无谓的应酬中。不如晚上早早休息，早上早早起床，生命才有效率。当你看到清晨初升的太阳，会感觉浑身充满力量，一切尽在掌握之中。

对每一个普通人来说，早起，意味着尽早展开工作。积少成多，水滴石穿，时光在每一天的早起中无形拉长，你的阅历、经历也必将随之丰富，随之饱满，收获当然也会不期而至。

Chapter 2

目瞪口呆，

“4点起床”效应有这么多

如果不早起，你就不知道，早起的效应有多少。4点起床，不仅可以增加有效时间，提高工作效率，让每一天变得“谜之高效”，还能改善情绪，让你拥有好人缘，玩转工作与生活。此外，4点起床还能改善睡眠，让你从失眠的困扰中“抽身而退”。

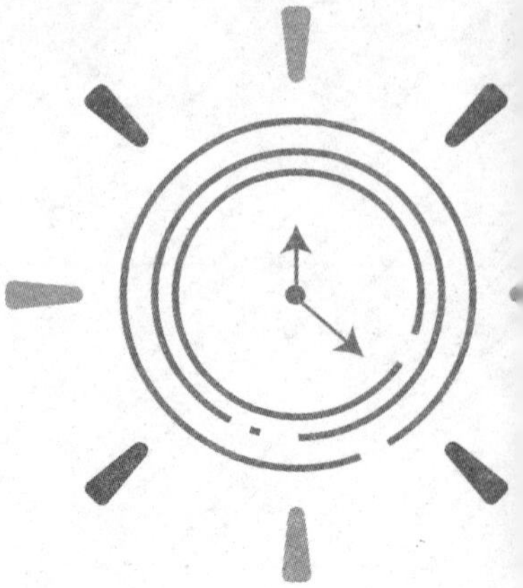

1. 早起的人们不失眠

很多失眠者在深夜大概都有过这样的经历：躺在床上辗转反侧，怎么努力都睡不着，即使累到浑身酸痛，脑子仍异常清醒，极不配合入眠，有时折腾到快天亮才勉强合眼。这就是一种常见的失眠。

据 20 世纪末的一份民意调查显示，有 50% 的成年人抱怨自己存在睡眠障碍。失眠就像头痛症一样，已经变得越来越普遍。除了入睡困难、睡眠不深之外，易惊醒、早醒、多梦等都属于失眠症状。通俗来说，失眠就是睡眠失常。一个睡眠失常的人，因为夜间少眠，通常会直接影响他们在白天的各种表现。比如身体疲劳、注意力和记忆力减退、学习效率和工作能力下降、情绪波动大等。

一夜失眠没什么，但长期失眠带来的不仅是痛苦，还有身体的病变。那么，是什么偷走了我们的睡眠？又有哪些人群容易失眠呢？据研究，除了疾病、年龄等因素外，不良生活习惯也是导致失眠的罪魁祸首，而作息不调、喜欢熬夜的人更容易受到失眠的困扰。

很多晚睡的人都喜欢睡前喝点葡萄酒，喝杯咖啡，或者抽根烟放松一下。但这三样让人成瘾的东西，同样是睡眠“杀手”。酒精具有麻醉作用，睡前少喝一点葡萄酒，的确有助于睡眠。但若大量饮酒，特别是喝白酒或其他酒水，却是睡眠大忌。酒精虽然能让人容易入睡，但会抑制深度睡眠，让人睡不安稳，也会让人频繁醒来，或导致人在后半夜噩梦连连。10% 的酗酒者都是失眠症患者，他们越想靠酒精来麻醉助眠，越适得其反，导致失眠加剧。咖啡中的咖啡因和香烟中的尼古丁就更不必细说了，都是导致血压上升、干扰睡眠的兴奋剂。晚睡晚起的人群，在生活中越离不开这些东西，越容易失眠。相反，早睡早起的人则没有这种痛苦，我们很少听到一个习惯早起的人说自己失眠。

王先生已经 70 岁了，每天早上 4 点半就起床，在家里读一会儿报纸或者看一会儿书，5 点钟就准时出门，和几个老伙伴相约到离家不远的公园里踢毽子。他们平均年龄 65 岁，身体都相当灵活，踢起毽子丝毫不输年轻人。说到睡眠，王先生说他每天能睡六七个小时。虽然老年人普遍睡眠少，但王先生并没有这方面的困扰，他常年坚持早睡早起的习惯，睡眠质量一直很好。他身边的朋友都是生活很自律的人，也没有人抱怨睡眠不好。

早起的人不失眠。说到底，还是顺应了体内的生物钟。在大脑的中前部，有一个豆粒大小的腺体，叫松果体。松果体会分泌一种激素，叫褪黑激素。褪黑激素的分泌受交感神经影响，每到夜幕降临、光线变暗时，这种激素就会大量分泌，并在凌晨三、四点钟达到峰值。而等到黎明到来，褪黑激素便停止分泌。因为只在夜间分泌，所以褪黑激素又俗称“吸血鬼激素”，它的分泌水平直接影响睡眠质量。如果一个人夜间褪黑激素的分泌水平降低，那么他的睡眠质量很可能会下降。这种激素存在的最大作用，就是诱导人类自然睡眠，调整昼夜规律，以确保我们在黑暗中入睡，而在光照中醒来。也就是说，我们只有符合夜伏昼出的规律，才能保证睡眠健康。否则，经常熬夜，打乱生物钟，就会将睡眠搞得混乱不堪，直至难以入眠。

我们的身体就像一台具有惯性的机器，只要养成按时作息的睡眠习惯，到了上床时间就会感到困倦，而到了起床时间就会自然醒来，睡眠也就会变成自然而然的事。所以，要想晚上睡得好，早上醒来精神好，必须顺应身体的生物钟规律，按时上床、按时起床，养成良好的“入睡—醒来”的睡眠模式。很多失眠的人认识不到这一点，常常病急乱投医，将自己的睡眠交给药物控制。殊不知，安眠药并不能真的让人安眠，往往吃得越多，失眠的情况越严重。你不但会对这类药物产生依赖，身体其他机能也会受到药物的损害，而且可能导致过早死亡。

治疗失眠最好的方法就是早睡早起，养成良好的作息习惯。我们的原则是，不管你前一天晚上多晚上床，第二天早上都要按时起床，不要企图用延长睡眠时间的方法来补觉。

一两个晚上少睡一些，没多大关系，我们的大脑会自动在接下来的晚上增强深度睡眠来弥补睡眠缺失。这样一来，如果前两天都是晚睡早起，到了第三天晚上，你的眼睛就会感觉疲劳，让你早早地就想上床睡觉，因而很容易把作息规律调整为“早睡早起”。

很多人习惯周末睡懒觉，也因为不必早起而在前一天晚上熬夜。这一点并不值得提倡，因为熬夜导致晚起，结果并不能补多少睡眠，反而引起生物钟紊乱，长此以往就会引起失眠。做一个生活自律的人，做一个在周末也坚持早起的人，即使曾陷入失眠的泥淖，你也能拔足而出，重新做一个拥有健康睡眠的人。

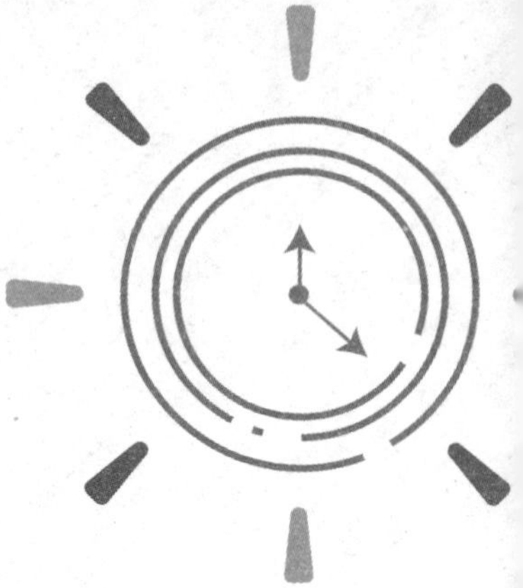

2. 每天早起2小时，一年比别人多3个月！

有句谚语说：“聪明的鸟儿珍惜羽毛，聪明的人儿珍惜时间。”没错，不单是聪明的人，恐怕连一些懒惰的人在潜意识里，也知道时间是宝贵的。时间是这世间最公正又最无情的东西，一天24小时，不曾给谁少一分，也不曾给谁多一秒。怎么能从有限的时间里挤出更多的时间呢？

我们每天睁开眼能得到的就是时间，而最难得的也是时间。因为我们总有忙不完的事情，不是被工作就是被家务缠身，想要挤出点时间做些特别的事，或者单纯为了让自己快乐，都不是那么容易的。一位作家在他的著作《生活节奏》中说：“我们想要快乐，也知道怎样做能让自己快乐。但我们不会去做那些让自己快乐的事。原因很简单，因为我们太忙了，没空。没空让自己快乐。”相信很多人看到这句话都会忍不住点赞，感同身受啊！

不单是寻求快乐，在日益紧张忙碌的生活中，想在合适的时间做想做的事，都是很困难的。L 先生年近三十岁，是一家中型公司的部门经理，事业小有所成，但发展进入“瓶颈”期。他有了女朋友，也打算在近一两年结婚。他很想寻求个人发展空间，突破现在的困境，但难题就是他白天的时间被工作填满，根本没时间考虑更多的事情。

一开始，他打算每天晚上挤出些时间。但忙了一天，到了晚上已经筋疲力尽，实在没有精力再去做其他事情。而且，晚上是他和家人、女朋友相处交流的时间，他不能总是缺席。为此，他尝试将白天的工作时间压缩，在午后腾出一部分时间来学习，但往往被琐碎的杂务打扰，不能如愿以偿。

一个偶然的机会，他碰到一个朋友，朋友建议他早起试试。也许，每天早起一两个小时，会帮他改变现状。早起？4 点起床？这对 L 先生无疑是件恐怖的事，近三十年来他都没早起过，每个工作日早上 6 点起床都是被闹钟勉强叫起来的。虽然心有抵触，L 先生还是决定试一试，毕竟想做事情就要努力改变些什么。他先将闹钟调到 5 点钟，第二天早上即使很困，他也强迫自己从床上爬起来。这的确需要毅力，所幸他第一天尝试就做到了。起床后，他用冷水洗了脸，让自己快速从困倦中清醒过来，又给自己倒了杯热水，慢慢喝掉。这时候，他发现自己精神百倍，望着窗外还有些黑的天，他感觉浑身充满了力量。他先是听了 10 分钟的英语新闻，然后开始读一本关于美学的书，他一直对这方面感兴趣，他还准备了笔和本子，一边读一边将有趣的句子记录在日记本上。半小时后，他开始锻炼身体，做俯卧撑和仰卧起坐，做到筋疲力尽为止。

这些都完成后，L先生看看表，刚刚6点钟，正是他平常起床的时间。但与往日不同的是，经过阅读和锻炼，他不仅头脑清醒，而且心情愉悦，丝毫没有平时刚起床的那种头脑混沌。更重要的是，他感觉对工作有了信心。吃过早饭后，他信心百倍、活力四射地出了家门。到了公司，他发现自己一整天的心情都很好，工作效率也提高了。

第二天早上，L 先生没等闹钟响就起床了，他重复了前一天的安排。就这样坚持了几周，每天早上听英语早新闻，锻炼了他的听力，激发了他学英语的兴趣。每天的阅读，不仅增长了他的知识，也让他内心平静，萌发了要写点什么的冲动。每天锻炼身体的好处更不用说了，让他在公司里更加充满活力。于是，L 先生在一天晚上上床睡觉前，将闹钟调到了凌晨 4 点钟。他没有刻意地逼自己，而是感觉这是自然而然的事，因为身体里有一股动力推着他向前走，让他不由自主地想要早点起床。

他发现，原来认为早上 4 点起床是种不可思议的想法，现在竟然轻而易举地做到了，比想象中的难度降低很多。之前，他早上有 1 个小时的自由支配时间，现在有了 2 个小时。时间充裕了很多，完全可以写点什么。于是，他在微信上建了一个公众号，开始写文章，专门写对美学和艺术的见解。因为上学的时候学的是相关专业，知识储备比较深厚，他写起来很轻松。再配上自己画的小漫画，非常幽默风趣，浅显易懂，外行人也能看明白，并且看得捧腹大笑。

写得多了，L 先生发现自己很有写作天赋，他还常常将日常工作融入美术讲解中，用营销的策略来讲解百年前的艺术发展，语言一贯走诙谐路线，很受上班族的欢迎。一开始，他只是写着玩，但后来越来越受关注，粉丝从几十人增长到几十万人。很快，有广告商找到他，他开始在公众号推一些软广告，增加了额外收入。

与此同时，他原来的工作不但没丢下，反而做得更好。因为坚持看书，涉猎的知识越来越广，他处理起工作来更加得心应手。一年后，他从部门经理升职为大区经理。原来的同事艳羡他升职的同时，更得知他还是在公众号上写推文的大咖，全都大跌眼镜。有人禁不住要问：你到底哪来的时间看书写文章？

L先生将自己早起的秘诀推广给身边所有的朋友。他说："在从未早起过的时间，做从未做过的事，这绝对是值得一试的奇妙体验。"每天早起2小时，一个月下来就是60个小时。而一年下来，就是730个小时，相当于3个月的工作日时间。这是多么大的一笔时间财富！时间就是金钱，时间就是改变人生的基石。有了时间，你想做什么，都可以做到。

很多人会说："我不想早起，我没那个习惯。"然而，一个有决心的人不会惧怕任何困难。想要拥有特别的人生，总该做一些不同寻常的事。

当下有一档很火的综艺辩论节目，在某一期上，两位辩手就"早起"还是"熬夜"展开了辩论。主打"熬夜说"的辩手认为熬夜带来快乐，比如熬夜可以看电影、打电玩、和朋友聚餐……这是其他时间段没有的特质，所以应该大熬特熬。但主打"早起说"的辩手说的一句话很打动人，他说："所有熬夜能做的事，早起也可以做。但早起能做的事，熬夜却未必能做。一个人熬夜打游戏会被认为是不思进取，而一个人如果早起打游戏则会被看成很励志。风评不一样，结果可能就不一样。”没错，尝试过多年深夜打游戏，为什么不尝试一下早起打游戏呢？也许你会有不一样的体验。何况，你一旦早起了，就不仅仅做消遣的娱乐，因为可以做的事还有很多。

想要克服平庸，就要拿出改变的勇气。每天早起 2 小时，你收获的不仅是时间，更会有奇迹。任何事，只有坚持下去，你就能体会其中的奇妙与带来的改变。“神奇的早起”，可以赋予我们力量，将我们变成自己想要成为的人，让我们拥有自己想要拥有的人生。

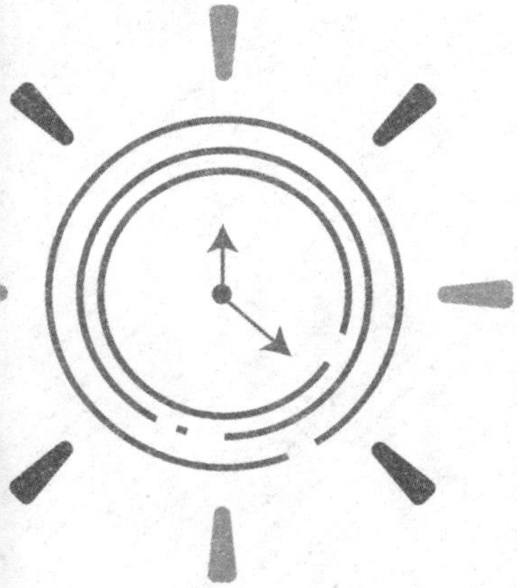

3、让每一天变得“谜之高效”

如果不是因为爸爸去年生了一场大病，在医院里住了整整一个月，我想此刻我还在享受每天上午九、十点钟太阳晒屁股了才起床的日子，因为我始终坚信自己绝对不能早起，否则就会觉得头脑昏昏沉沉，一整天里都觉得心不在焉，仿佛在梦游。然而，事实证明人的潜能是无穷的，对于很多事情我们不是做不到，而是没有足够的动力去做，或者没被逼到一定程度，就认为没必要去做。

在经历爸爸生病住院的一个月之前，我从不知道自己居然可以坚持每天早起，结果证实我不但能早起，还能神采奕奕一天，不但能照顾好爸爸，还能照顾好陪床的妈妈和其他家人。在爸爸生病入院的第一天，我定了两个闹铃，一个在 5 点半，一个在 5 点 40。虽然头一晚因为担心爸爸而失眠，但是次日清晨不到 5 点半，在闹铃响之前我就起床了。

对比之前每天九、十点钟起床，我见到了另一个世界，空气是清新的，不再充满乌烟瘴气，简直要把五脏六腑都洗涤一新，一切都让我感到新奇。买菜做饭赶到医院，才7点多，饭菜还是热乎的，正好赶上爸爸妈妈吃早餐。以往此时，我正在和周公相会呢！爸爸妈妈吃完早饭，医生来查房，和医生沟通完爸爸的病情，才8点半。我用随身携带的笔记本开始工作，这比我以前九、十点钟起床，十一二点开始工作提早了三四个小时。为此一个上午过去，我完成了过去整个下午和晚上才能完成的工作量。在陪伴爸爸住院的一个月里，我就这样度过，更为神奇的是，经常困扰我的失眠好了，我头沾到枕头上，几分钟的时间里就能睡着。

为何早起有这么神奇的魔力呢？我很好奇，难道此前我一旦早起就犯迷糊的症状根本不存在，是我臆想出来的吗？

现代社会生活节奏越来越快，工作压力越来越大，很多年轻人白天顶着巨大的压力努力工作，晚上却顶着熊猫眼熬夜，导致一整天的工作都效率低下，对待工作也只能采取当一天和尚撞一天钟的态度。很多人都知道早起对于维持身体健康很有好处，却不知道早起对于提高工作效率更有好处。如果别人都是从早晨8点才睁开蒙眬的睡眼，从9点才匆匆忙忙地开始一天的工作，而你却是从早晨5点，甚至4点就开始工作，不得不说，你的人生会因此而变得更加丰富精彩，至少在工作方面，你会有出类拔萃的表现。

有些朋友也许会说自己是朝九晚五的上班族，即使起得早把工作做完，也得照常去上班。其实，早起可做的事情很多，提前完成重要的工作可以让我们在正常的工作时间里变得更从容，相信领导不会在你利用私人时间合理安排工作之后，再给你安排堆积如山的任务。此外，早起还可以用于阅读、学习英语等，给自己充电。如今已经步入信息大爆炸的时代，知识更新的速度非常之快，每一个人在离开大学校园那一刻，并不意味着学习的结束，而是意味着终身学习的开始。即使我们已经步入职场，有不错的职位和满意的薪水，也切勿放弃自我学习和提升。人生如同逆水行舟，不进则退，如果总是保持绝对停滞的状态，则很快就会被时代远远地甩下。

接下来，让我们来分析下早起之后，如何实现“谜之高效”的一天。清晨4点，东方刚刚泛出鱼肚白，太阳还未升起，我们的一天开始得这么早，还有什么是不可能完成的呢？想一想就很让人兴奋，不能浪费宝贵的时光，毕竟是我们战胜瞌睡虫才能获得的。既然如此，趁着刚刚起床神清气爽的时候，赶快制订一天的计划吧。不管是工作计划，还是生活计划，都需要以时间作为载体。接下来，要对事情的轻重缓急进行合理分类，从而在利用时间的时候更加有的放矢。

早晨4点起床，到洗漱之后4点半坐在书桌前。按照事情的轻重缓急制订计划只需要十分钟，当然前提是你对一天要做的事情心中有数。接下来，可以工作一个小时，完成一天之中最重要且紧急的任务。再运动锻炼一个小时，在晨曦之中让身体舒缓和放松下来，让身心都获得充足的休息。到了6点40分，只需要二十分钟就可以为自己准备丰盛的早餐，悠闲地吃完早餐，可以在7点半出发，8点到达公司。因为有很多工作的资料在公司，所以在公司里，你可以更方便地工作。好吧，等到9点钟同事们陆续到达，你已经全神贯注工作一个小时了，还可以继续利用上午的时间工作三个小时，才到中午。如果有很重要的工作任务需要处理，你当然可以在这段时间里全身心投入。如果你已经把很多工作处理好，那么不妨在10点钟喝杯咖啡，吃点儿点心，去公司附近的公园里散个步。这样的休息，会让你在11点到12点的时间里，依然精神饱满，也不觉得肚子很饿。而此时此刻，你的同事们大概都已经消化完早晨囫囵吞枣的早餐，正在忍受肚子的咕咕叫呢！

由此可见，要想实现工作高效，早起是必要条件，而此后要把事情按照轻重缓急的程度进行准确划分。排在第一位的是重要且紧急的事情，排在第二位的是紧急但不重要的事情，排在第三位的是重要但不紧急的事情，排在第四位的是不重要也不紧急的事情。如果时间充裕，可以把第四类事情也完成。如果时间很紧张，或者有突发的情况，那么完全可以把第四类事情暂时搁置。当然，生活并不总是按照我们的计划来，有的时候，我们明明已经把一切安排得很好，但是却发现临时、突然或者意外地发生了其他事情。这样一来，我们当然要抽出时间处理紧急情况。早起，恰恰可以对事情进行分类和排序，也可以让我们应对每一件事情都更加从容不迫。

中午，已经完成了重要且紧急工作的你，完全有理由好好犒劳自己。你可以去早就想去的餐馆享受悠闲愉快的午餐，还可以去附近的会所做个头部SPA，都是不错的选择。这样一来，当同事们都昏昏欲睡的时候，你因为早起而拥有了短暂且投入的午睡，因此显得精神饱满，神采飞扬。整个下午，从2点钟到5点半，你还有三个半小时可以做那些不重要或者不紧急的事情，即使有突发情况需要处理，也不会耽误你的下班时间。如果没有更多的工作要做，你还可以学习、充电，或者帮其他同事的忙。

傍晚时分，当其他同事为了工作没有完成而加班的时候，你可以按时下班，和朋友、家人一起享用悠闲的晚餐。晚餐吃得很早，你有足够的夜晚时光享用，可以读书，和朋友闲谈，还可以继续学习、充电，或者犒劳自己度过了充实的一天而看一部经典影片。当然，因为次日还要早起，根据自己需要的睡眠时间，你可以选择9点、9点半或者10点、10点半睡觉，以你觉得不影响次日早起为最佳。切勿为了正在进行的娱乐休闲活动，就不由自主地熬夜，因而影响次日早起，否则你损失的远远不只一次早起的机会，还有一整个充实的白天。

当你真正成功地早起，且真正实现了“谜之高效”的一天，你就会认识到早起的好处。当然，所谓4点钟只是一个早起的概念，有的人觉得4点半起床更合适，那么完全可以选择在4点半开始一天，有人觉得5点钟才能让自己感到舒服和精神，那么也可以选择在5点开始一天。

当然，所谓的早起绝不是等到最后一刻才起床，也不是被时间追赶着朝前走，而是要让自己从容、自如，从此远离早晨的蓬头垢面和争分夺秒。而要想真正实现高效，就要真正做到有的放矢驾驭早起赢得的时间，对于每一分每一秒都做到充分利用，实现时间的最大效用。时间是生命的载体，也是做任何事情都需要付出的成本，所以我们要珍惜时间，提高效率，就要合理安排，全面把控。当我们拥有更多“谜之高效”的一天，我们的人生就会变得更加充实与精彩。

早起，在早餐前真正把控自己的一天，这种感觉非常神奇和美妙！

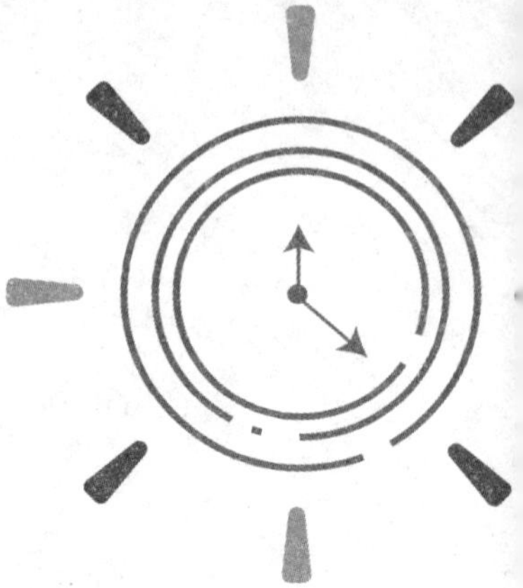

4、告别焦虑，“世外高人”般地从容笃定

在坚持早起之前，我的每一个早晨都紧张忙碌，为此焦虑总是充斥着我的内心，让整个家庭在早晨都鸡飞狗跳。仓促起床之后，要为家人准备早餐，还得一次两次三次地喊赖床的孩子起床，更要给自己打造好形象……正是因为这种种原因，我始终觉得早晨理所当然是一天之中最忙碌嘈杂和混乱的时光。在这样日复一日被时间追赶着向前奔逃的过程中，我的心情受到很大影响，变得莫名焦虑和疲惫，家庭关系也变得很紧张，因为我很难和家人和谐友好地相处。如何才能改变焦虑的状态，让自己如同居住在世外桃源呢？对于节奏日益紧张、压力山大的现代生活而言，想要做到这一点并不容易，需要我们全方位调整心态，合理安排生活节奏，这样才能变得更加悠闲和安适。

如果你在偏僻的农村生活过，你就会爱上那种清晨起床逗猫遛狗的生活，也会迷恋沐浴着太阳初升的光辉，检查院子里的菜有没有结出更多果子的成就感。生活的小确幸在这样安闲舒适的生活里得到最大限度的发挥，每个人的心底都是很柔软的，即使只穿着粗布衣服，吃着粗茶淡饭，内心的平静淡然也足以让我们感到幸福。也许有些朋友会说，我们都生活在繁华的大都市里，每天都有繁重的工作需要完成，如何做到这样的从容笃定呢？人家都说世外高人，但我们不是，甚至与世外高人扯不上任何关系。那么，不妨把像世外高人一样生活当成最大的理想，从而督促自己朝着理想奋进，朝着目标前行，不达目的绝不放弃。

在繁华忙碌的大都市里，一天的时间的确被压缩得不能再压缩，在有限的时间里，大多数人都在争分夺秒做着各种各样的事情，长此以往必然感到万分疲惫。当居住的房子小了，我们就要换大房子；当车子坐不下所有的家人，我们就要换空间更大的车子。那么，当时间不够用了，又要如何实现从容笃定呢？同样的道理，我们就要挤出更多的时间，这样才能让自己在时间的河流中变得从容，从被河水推动着向前走，到后来能够主宰和驾驭时间，也给自己留出充足的时间，这样在做很多事情的时候才能让内心消除焦虑，更加理性和镇定。

在有二女儿之前，艾米一家三口一直和父母一起生活，居住在同一套房子里。作为爷爷奶奶，当然很愿意照顾孙子，为此艾米每天早晨都可以睡到 7 点半，然后起床洗漱去上班。后来，因为二女儿出生，父母在帮忙一段时间之后，觉得家里太小了，住不下那么多人，于是主动提出回到家乡生活。为此，艾米不得不肩负起照顾一家四口的重任。

老公每天要送大儿子去上学，6 点半就要出门，为此艾米不得不 5 点半起床准备早饭，有的时候，二女儿突然醒来，嗷嗷待哺，哇哇大哭，艾米还得抱起二女儿，生怕二女儿的哭闹影响老公和大儿子睡觉。就这样，艾米每天早晨都紧张忙碌，提心吊胆地生怕二女儿也醒来添乱，心情越来越紧张焦虑。有一天早晨，艾米正在忙着准备早餐，二女儿又不合时宜开始哭起来，艾米怎么哄都哄不好，索性也坐在地上号啕大哭。老公被艾米惊醒，不知道发生了什么事情，在仔细询问艾米之后，才意识到艾米因为过度紧张、焦虑和劳累，导致情绪崩溃。老公决定以后坚持起床做饭，而让艾米带着二女儿睡到自然醒。但是，老公做的饭大儿子不爱吃，总不能让孩子空着肚子去上学，艾米只好硬着头皮继续重复之前的生活。

为了提高时间的效率，也让自己的早晨更从容，艾米决定早起，彻底改变早晨紧张忙乱的状态。一开始，艾米 5 点半起床都很费劲，要更早起床还是有难度的。但是随着早起的习惯养成，艾米发现早起简直妙处多多，最重要的是因为有充足的时间准备早餐，她不再因为争分夺秒而感到焦虑不安了。因为早起，艾米可以在二女儿醒来之后，陪伴二女儿再次入睡；因为早起，艾米可以为老公和大儿子准备更加丰富的早餐。有的时候，时间还充裕，艾米就会做一会儿瑜伽，看一会儿书，在这样静谧的早晨，艾米感受到时间完全是属于自己的，内心产生操控感，觉得人生充满了希望。

很多人都会因为时间的悄然流逝而感到焦虑，要想缓解这种焦虑，最重要的就是让自己跑在时间前面。唯有如此，才能真正主宰和驾驭时间，也才能让人生有更加从容的节奏。当你被焦虑困扰的时候，当你因为紧张而陷入无助的状态中时，不如把握自己最能够把握的生命材料——时间，这样我们才能掌控生命，也因为有所把握而让内心变得更加笃定。

即便在热闹喧嚣、生活节奏越来越快的大都市里生活，我们只要愿意早起，也依然可以让早晨从从容笃定开始，而不是陷入紧张忙乱之中，使一天都变得很糟糕。古人云，大隐于市，这就告诉我们真正在世外桃源当高人并没有什么稀奇的，只有在繁华都市里守住内心的淡然和从容，才是真正充满人生智慧的表现。从现在开始，就让我们坚持早起，以从容不迫的早晨开始重拾精彩的一天吧！

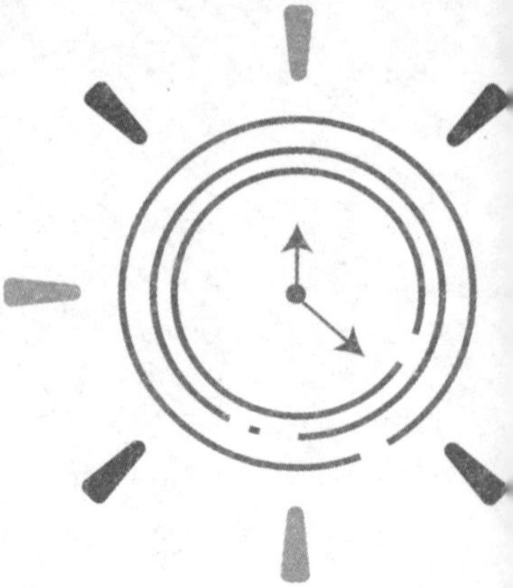

5.早起带来的好人缘

如果说早起不但会提高做事情的效率，也会帮助人们建立好人缘，相信很多人都会对此嗤之以鼻：真的有你说得那么神乎其神吗？早起是个人行为，与好人缘有什么关系呢？总不能说一个人早早起床就去朋友家做客，和同事沟通工作上的事情吧，如果真的这么做，一定会被人骂的。当然，我们虽然自己坚持早起，但要尊重他人的生活方式和作息习惯，而不要因为自己早早起床就非要强求他人也早起，更不要因为早起有充裕的时间就对他人加以骚扰。

早起并非专门用于社交的时间，但是早起给我们带来的一系列好处，却会帮助我们建立和拥有好人缘。首先，早起的人有充足的时间来学习、休息、吃早餐，为此整个早晨都心情愉悦。人际关系总是相互的，我们想得到他人怎样的对待，就要怎样对待他人，由此可想而知，当我们神采奕奕、面带微笑出现在他人面前，他人也一定会对我们回报以友好的微笑。尤其是在早起进行晨练的时候，如果能够遇到一些志同道合者，则很容易成为朋友，彼此惺惺相惜。

其次，早起的人能够享受便利的交通条件。众所周知，大城市里到了上下班高峰，拥堵非常严重。早起的人可以早早去公司，为同事们简单打扫卫生，准备茶水，在同事们陆续到达公司的时候，向他们问好。这样一来，我们很快就会熟悉众多同事，不但有助于开展工作，还有可能和某些同事成为私下里的好朋友。

再次，作为公司里的管理者，我们还可以和早到的下属进行早餐会议。中国历来讲究餐桌礼仪和文化，是因为人们在用餐的时候往往心情舒畅，戒备心理减弱，所以在餐桌上洽谈很多事情都能获得成功。又因为早晨人们的自我损耗最低，很容易沟通和采纳他人的意见，为此早餐会议的效果非常显著。

最后，早起可以联络客户。作为销售人员，最重要的就是和客户保持联系，从而与客户之间建立良好的关系，也赢得客户的信任，这样一来就相当于成功了一半。我们必须意识到，越是成功人士越重视早起，要想与客户套近乎，在了解客户有早起习惯的前提下，不妨利用早晨的时光和客户进行愉快的沟通。人在潜意识里总愿意亲近和自己在某些方面相似或者相同的人，当你以实际行动证明你也是晨型人，同为晨型人的客户一定会对你刮目相看。在职场上，我们难免会有有求于人的时候，如果得到了他人的帮助，能够在早晨对他人表示诚挚的感谢，就会收到很好的效果。

作为公司里的新人，小雅虽然毕业于名牌大学，但却缺乏实际工作经验，因此在初入公司的时候常常会对一些工作不能胜任，又或者是丈二和尚摸不着头脑，压根儿不知道怎么做才能更好地完成工作。为了尽快把自己从困境中拯救出来，小雅不得不求教于老同事。有一天，小雅有个表格不会做，大部分同事都已经关掉电脑准备下班了，唯独张姐还开着电脑。小雅只好硬着头皮问张姐，结果张姐很有耐心地给小雅讲解得清清楚楚，还耽误了自己下班的时间呢！小雅赶紧对张姐表示感谢，张姐和小雅告别之后就匆匆回家了。

次日，一向习惯于早起的小雅早早来到办公室，把自己精心准备的早餐放在张姐的办公桌上。快到上班时间，张姐终于来了，小雅真诚地对张姐说："张姐，昨天幸亏有您指教，我才能把工作完成。保温杯里装的是我早晨熬的银耳雪梨汤，您快尝尝！"张姐喝了银耳雪梨汤，对小雅的厨艺赞不绝口，也接受了小雅的感谢。

很多人早晨都不会准备早餐，而是睡到最后一刻才匆忙起床往单位赶去。别说给别人准备吃的，连自己吃什么都不知道。小雅有早起的习惯，她在早晨熬了银耳雪梨汤，这可是要耗费很多时间、花很大功夫才能做出的美食，这最能代表小雅对张姐诚挚感谢的心意。相信张姐在吃了银耳雪梨汤之后，也会非常感谢小雅的用心。

很多时候，我们会采取大张旗鼓的方式表达谢意，殊不知，这有敷衍了事、流于形式的嫌疑。如果从官方意义上感谢他人，我们当然可以采取官方的方式去表达，但是如果从私人的角度来感谢他人，心底里也很愿意与他人之间建立良好的关系，那么我们就要做出更加细致的举动来表达真诚的感谢，这样才能打动人心。

人的本能是趋利避害，人人都希望听到好听的话，听到别人的认可与赞赏，赢得别人最真诚的感谢，而不愿意被批评或者否定，更不想被他人嫌弃。习惯于早起的人，可以利用早晨最宝贵的时间为自己准备精美的早餐，给想要搞定的客户打一个清晨的电话，也可以在他人早晨自我损耗最小、心情舒畅的情况下，向他人表示友好或者感谢。这样一来，一定会收到事半功倍的效果，也会让彼此在一整天的时间里都感到愉悦。

尤其是在现代职场上，随着国门的打开，中国与国际社会接轨，为此很多人都有和外国友人打交道的机会。众所周知，在地球的不同半球，国家与国家之间存在很大的时差，如美国和中国。那么当和美国人相处的时候，早起的人就可以利用早晨的时间，和身在美国、正处于傍晚时分的朋友打电话联络感情。另外，很多朋友都能意识到与领导搞好关系的重要性，为此动辄对领导阿谀奉承。殊不知，作为下属要想在领导心目中占有一席之地，以实力为自己代言是最为重要的，而不要总对领导卑躬屈膝，刻意逢迎和讨好领导，反而会导致事与愿违。试问，当一个下属每天都能提前一小时到达公司，开始工作，而另一个下属每天都踩着最后一分钟来到单位，仓促地占用工作时间吃早餐，急急忙忙开始混乱的工作，作为领导，你会喜欢前者还是后者？毋庸置疑，你一定会喜欢前者。所以要想让领导成为我们的贵人，我们就必须早起，坚持早到，这样才能最大限度提升自己在领导心目中的地位，也才能在工作过程中赢得领导的认可与赏识。总而言之，早起好处多多，可以说有百利而无一弊，既然如此，就让坚持早起成为习惯，陪伴我们一生吧！

6、平衡：玩转工作和生活

现代社会，有越来越多的人抱怨自己没有足够的时间去做想做的事情，而整日像个陀螺一样旋转不停，丝毫没有自己独立的空间和时间。不得不说，现代社会很多人都在承受着巨大的生存压力，也因为日益紧张和忙碌的工作节奏，而导致个人的生存空间被不断压缩，失去平衡的状态。众所周知，大自然里非常讲究平衡，是因为万事万物之间都要维持基本的平衡状态。人，作为大自然里独立的生命个体，同样需要保持平衡，更要兼顾生活和工作，这样才能避免本末倒置，使得人生出现失衡状态，也导致人生中的很多事情都变得不可操纵和掌握。

现代职场上，有很多人对于生活和工作的关系犯了本末倒置的错误。本来，认真工作是为了更好地生活，是为了提高生活质量，而他们却在日复一日的忙碌和紧张中忘却了初心，甚至以为认真工作就是人生的目的，就是生活唯一且最为重要的内容。不得不说，在这样的状态下，人们很容易在工作中迷失自我，也会因此而失去生活的意义。

作为一个真正明智的人，必须平衡好工作与生活的关系，才能面面兼顾，也才能鞭策和激励自己在人生的道路上勇往直前，收获更多，体验更加丰富和深刻的感情、人生的道理与哲学等。唯有如此，才不枉在这个世界上走一遭。

然而，一个人不管想要做什么事情，时间都是唯一不可缺少的也是最为重要的载体和成本。如果没有时间，不管做什么事情都不可能实现，如果彻底没有时间，生命也将戛然而止。晨型人不但可以享受早起带来的各种便利、从容，还可以为自己赢得更多的时间。在白天的时间甚至无法做到见缝插针，而夜晚的时间又总是充斥着各种琐碎事的情况下，有太多的中年人甚至连独属于自己的分秒时间都没有，每时每刻不是忙着应付工作，就是忙着教育孩子，或者赡养老人。正是因为如此，才有无数中年人感到压力山大，也觉得生命完全不属于自己。在社会生活中，尽管每个人都扮演着各不相同的角色，也承担着各种各样的责任，有一点是不能改变的，那就是做好自己。唯有做好自己，生命才会绽放华彩；唯有做好自己，才能在生命的历程中玩得转，把生活和工作都做得很好；唯有做好自己，才能不辜负这或者短暂或者漫长的一生。

大文豪鲁迅先生说，时间就像海绵里的水，需要挤一挤才会有，既然如此，我们就要学会挤时间。如果白天和夜晚都没有时间可以挤，那么就要从早晨开始着手。很多习惯于早起的人都有比别人更多的时间，做事情的效率更高，效果更好，就是因为他们抓住了每天早晨的宝贵时间，为自己所用。

如果工作繁忙，可以利用早晨的时间做一些重要的工作，在寂静无声的世界里，集中所有的精神和注意力投入于工作，自然会取得事半功倍的效果。如果工作不那么忙碌，可以在正常的作息时间内完成，那么既可以把工作提前到早晨完成，再节省出工作的时间来发展兴趣爱好，照顾好生活，当然这么做的前提是拥有安排工作时间的自由。反之，如果不能自主安排工作的时间，那么就利用早起的时间更好地陪伴家人，和家人一起进行有趣的活动，诸如一起做早餐，一起进行晨练，一起阅读等，都是很不错的选择。

自从把小房子卖掉换了大房子，思琪觉得自己可以用来陪伴家人的时间越来越少。每天早晨，她起床上班的时候，三岁的女儿还没有醒来，七岁的儿子也还在酣眠之中。每天晚上，她披星戴月地回到家里，却发现小女儿已经睡着，而大儿子也洗漱完毕躺在被窝里酝酿睡意。虽然住在同一屋檐下，但思琪和妈妈沟通的机会很少，和老公更是不必说了。极度疲惫的他们头一沾到枕头就能睡着，很少进行沟通，为此夫妻关系也受到影响，变得很冷漠和疏远。在生日那天，思琪原本以为可以得到家人的祝福，回到家里才发现大家都各就各位准备休息，而老公却躺在床上看手机。思琪意识到问题很严重，决定调整家庭生活方式，在兼顾工作的同时给家人留出相处的时间。

让孩子晚睡显然不现实，毕竟孩子次日要早起上学。思来想去，思琪决定提早孩子们入睡的时间，从而让孩子们养成早睡早起的好习惯。一开始，孩子们很抗拒，思琪就用承诺已久的一起做蛋糕的事情吸引孩子们。结果，不管是小女儿还是大儿子全都兴致盎然，他们都很愿意早起和妈妈一起做蛋糕。第一天凌晨5点半起床，两个孩子哈欠连天，这个时候4点起床的思琪已经准备好了做蛋糕的材料和模具。在孩子们起床之后，洗漱完毕，就投入做蛋糕中。看得出来，他们很快就战胜了困倦，一个个精神抖擞，哥哥还和妹妹约定要比赛，看看谁做的蛋糕更好看呢！

做蛋糕比思琪预想的更早结束，在把蛋糕放到烤箱里烘烤的时候，思琪建议："孩子们，现在才5点半，烤制蛋糕需要一个小时，我建议咱们一起去跑步，去草地上做游戏，然后在6点半之前回家，等着吃蛋糕，好不好？"孩子们欣然应允，和思琪一起跑步出门。跑累了，思琪还带着孩子们做了一个游戏，呼吸新鲜的空气，感受温暖的阳光照射在身上。孩子们丝毫不觉得困倦，而且胃口很好。在运动之后回到家里，他们略作休息就各自吃了一大块蛋糕，还喝了一杯牛奶，完美解决了每天早晨吃饭难的问题。看着孩子们狼吞虎咽的样子，思琪觉得很欣慰。

如果下班回家太晚，没有时间和孩子们相处，不妨利用早起的时间共度美好愉悦的亲子时光，这样不但有助于帮助孩子们形成良好的作息习惯，培养孩子们的意志力，还可以加深亲子感情，让孩子们与父母之间的关系更加亲密，感情更加深厚，可谓一举数得。当然，整个家庭应该是一个整体，思琪如果能动员丈夫也参与早起，一家四口总动员，则效果会更好。

现代社会中每个人要想更好地生存，都必须付出更多的努力，以更加顽强的意志力坚持做到更好。当一家人同在一个屋檐下生活却聚少离多的时候，作为父母，要利用早起的时间给予孩子有效的引导，通过合理安排让全家人都享有早起的美妙时光。当然，孩子正处于长身体的时候，为了保证孩子拥有充足的睡眠，父母可以先起，等到合适的时间再喊孩子起床，这样才能面面俱到。对于成人和孩子而言，早起的概念是不同的，父母要根据孩子的情况有的放矢确定孩子早起的时间，也要耐心地引导孩子，让孩子做到早起。

即便对于没有孩子的年轻人而言，早起也是提高生活质量的重要方式和途径。例如，通过早起锻炼身体，可以身强体壮；通过早起为自己准备早饭和中午带去单位的便当，在享受美食的同时一定会心情愉悦；通过早起做一些喜欢的事情，可以在一整天的时间里都觉得生活美好，充满希望……总而言之，早起可以做的事情多得不胜枚举，我们要根据自身的实际情况和对于生活的合理规划与安排，计划好人生，也让人生更上层楼。

如今，太多的职场人士一味地忙着工作，对于自己想做的事情完全抛之脑后，也常常为了工作而忽略了生活。殊不知，工作和生活就像是一个人的两条腿，缺一不可。只会全力以赴工作的人就像是机器，感情冷漠，兴趣匮乏，为此人生也缺乏乐趣；只有工作和生活兼顾，最大限度经营好生活，才能真正提升人生品质。

我们要学会利用早起的时间，真正平衡好工作和生活的关系，这样才能兼顾工作和生活，也才能让生活更加高品质。工作固然重要，金钱同样不可或缺，但是工作和金钱并非人生的全部。这就像在调色盘上作画，必须打好底色，才能拿起画笔绚烂着色，而生活正是每个人人生的底色，也是人生不可或缺的基础。从现在开始，请让早起的时间值得期待，也更加充实地度过。

7. 捡回丢掉的兴趣爱好

人们常说，兴趣是最好的老师，这句话非常有道理。当我们对于一件事情感兴趣，就能够把事情做得更好，而当我们对一件事情不感兴趣，即便被强制要求去做，也不会有好的收获。对于已经形成早起习惯的人而言，坚持早起已经不再是难题，如何把早起的时光过得充实美好，才是我们更应该关心的。

有一次，我和邻居家的老奶奶聊天，发现老奶奶看似很平常，居然在年轻的时候很喜欢读诗、写诗。我纳闷地问老奶奶：“您后来一直坚持写吗？”老奶奶摇摇头，说：“结婚之后有了自己的家庭，要照顾家人，抚养孩子，还要做好工作，哪里有时间读诗、写诗啊，所以渐渐地就把对诗歌的喜爱完全搁置了。”是啊，人生不如意十之八九，现实生活中，有很多人都会因为各种各样的原因把兴趣爱好搁置，而只能集中全力去应付生活。人生短暂，如果总是这样错过，最终留给我们的一定是遗憾。古人云，少壮不努力，老大徒伤悲。对于年轻人而言，一定不要以所谓的没时间为借口，就完全把兴趣抛之脑后。

只要坚持早起，就可以利用早晨的时光来做自己喜欢做的事情，发展兴趣爱好，让自己的生活变得更加丰富精彩，也让自己的内心变得更加强大。时间是固定的，但是我们的心思却是灵活的，如果有自主决定的权利，就可以对很多事情进行变通，从而让生活和工作都变得更好。所以年轻人要灵活安排时间，这样才能在对的时间里做对的事情，也才能让兴趣得到发展，把人生变得更加美好、兴致盎然。

上大学时期，文文就很喜欢写作，时常会写一些小文章，有的时候投稿到报社或者杂志社，还能得到机会发表呢！然而，自从参加工作，每天都紧张忙碌，文文有很长时间都没有机会动笔了，顶多在朋友圈或者 QQ 空间发表简单的动态，以寥寥数语对一些事情进行记录，充其量只能作为日志来提醒自己对于某些特殊的日子或者时刻要牢牢记住。和曾经细腻的文字相比，这些记录很粗糙，却符合现代社会的快餐生活。

这样工作了两年多，一个偶然的机会，文文在街头遇到大学同学朱莉。她们大学时期关系还不错，虽然算不上亲密无间，却也相互认可。为此，文文和同学走入附近的小餐馆，边吃边聊。朱莉现在在一家新媒体公司工作，在交谈过程中，她突然提醒文文："文文，我记得你以前很爱写东西，现在自媒体这么流行，你为何不再写些东西呢？发表在自媒体上，说不定有朝一日就会有惊喜的收获。"文文此前不太关注自媒体信息，为此赶紧向朱莉求教。朱莉对文文说："文文，就是以前你需要投稿，现在不需要投稿，就发表在自媒体上，然后等到粉丝越来越多，你就拥有了流量。一则你可以用自媒体上的文章出书，二则还有可能有广告商主动找你，付费在你的自媒体上做广告呢！”

还有这等好事情？！文文惊讶极了，赶紧向朱莉问个清楚，鼓捣了一个晚上，次日早起，就抽出半个小时的时间完成了一篇文章。一开始，文文的粉丝少得可怜，只有认识的十几个人。渐渐地，随着她每天早起都坚持完成一篇文章，文文的粉丝越来越多。几年过去，文文不但可以凭着自媒体收取广告费，赚取外快，还真有书商主动联系文文，要给文文出书呢！

直到文文的第一本书问世，大卖特卖，平日里朝夕相处的那些同事才惊觉文文这几年来不但在工作上取得了突飞猛进的发展，而且悄无声息地就进行了华丽的蜕变，成为一位自媒体大咖。

不要再说自己没有时间做很多事情，其实，我们不是真的没有时间，只是对于想要做的事情不够重视，所以才会拖延着不愿意挤出时间做事情。当我们有着强烈的欲望想要做某件事情，而且也坚定信心非做不可，就会想方设法战胜困境，解决难题，也会真正激发出自身的潜能，让自己坚持做到最好。

从另一个角度来说，把早起的时间用于做感兴趣的事情，发展兴趣爱好，对于坚持早起、培养早起的好习惯也是很有好处的。这是因为人的本能是趋利避害，人人都愿意做自己喜欢的事情，而不愿意做自己厌倦的事情，利用早起的时间发展兴趣爱好，有助于我们以更加顽强的意志力坚持早起，也在早起的时光中感受到更多的快乐，因而发自内心爱上早起。早起的好处多多，对于每个人的成长都是有所助益的，为此我们一定要坚持早起，最大限度地发挥早起时光的效用，给人生加分。

Chapter 3

做不到吗？

告诉你起得来的秘密

有人说，一个好习惯的养成需要21天的时间。实际上，21天只是速成好习惯而已，要想让习惯变得根深蒂固，还需要付出更多的努力，也要掌握坚持的技巧，洞察成功养成好习惯的秘密。早起当然是一个对于人生有着深远影响的好习惯，很多人因为缺乏毅力而导致功亏一篑，那些坚持早起的人，不但有决心有毅力，也掌握了适宜的方法，所以才能在养成早起好习惯时事半功倍。

1.让人越来越累的“7-11”生活模式

什么是“7–11”生活模式？具体而言，就是早晨 7 点钟起床，晚上 11 点钟才回到家里。看到这里，很多年轻人都会不以为然，早晨 7 点起床很正常啊，我们是想睡到 9 点才自然醒，但是家距离公司还有一个多小时的车程呢，况且怎么也要捯饬捯饬自己才能出门，还要给路上的意外拥堵留出富余的时间，所以只能 7 点钟起床。朋友们，这里不是说 7 点钟起床太早了，而是说 7 点钟起床太迟了。此言一出，一定又有很多人表示不满：7 点起床还晚吗？我们昨天晚上可是加班，11 点才回到家，上床的时候已经到了凌晨 1 点，再加上辗转反侧，天知道我是凌晨 2 点还是 3 点才睡着的！亲，难道你没有意识到，你的生活已经陷入了恶性循环之中吗？

你每天 7 点起床，是因为头一天入睡太晚；头一天入睡太晚，是因为下班回到家里太迟；下班到家太迟，是因为工作没有按时完成；工作没有按时完成，是因为你白天昏昏欲睡，工作效率极其低下，而且有的时候还因为到达公司已经迟到了，所以你工作的时间长度不够，还因为迟到而被罚款，导致一整天都郁郁寡欢……这一切的结果，只能导致你继续这样的循环，永远也不可能使糟糕的情况得以改善。如果不能破釜沉舟改变这样的现状，最终我们会被囚禁在这样的死循环中，就像听单曲循环一样感到绝望，在压抑、沮丧的情绪海洋里浮浮沉沉。

众所周知，时代需要改革和创新才能不断向前，而改革和创新必须大刀阔斧，下定决心，排除万难去进行。同样的道理，要想彻底改变生活模式，从死循环中逃离出来，获得更加积极的循环，我们就要有破釜沉舟的信心和勇气，打破旧有的，塑造崭新的，也许一开始会经历创新和变革的阵痛，但是长久来看，我们会获得更多的收益。要想真正改变“7–11”的生活模式，就要从早起开始。众所周知，每个人因为身体条件的差异，所以需要的睡眠时间是不同的。在保证睡眠的情况下，要想早起，就要早睡。当然，一开始会很难。因为习惯于晚睡的你即使躺在床上，也无法马上入睡。没关系，可以闭目养神，让自己的心智和情绪都恢复平静的愉悦状态，这更适合睡眠。

尤其需要注意的是，不管前一天晚上睡得多么晚，次日都要坚持早起。早起，意味着我们打破了旧有的生活和工作模式，进入了崭新的生活状态。早起，我们就有更多的时间提前处理好工作，还可以悠闲地享受丰富的早餐，让自己整个早晨都心情愉悦，也以此开始漫长的一天。早起，我们就可以搭乘空荡荡的公共交通工具更早地到达公司，在其他同事还没有来到的时候，在安静的办公室里专心致志投入工作。

等到其他同事到来的时候，我们已经完成了作为重中之重的工作，为此会感到很轻松。早起，让我们在上午 10 点钟有时间喝杯咖啡，或者来瓶酸奶，吃几粒坚果，从而为接下来的两个小时工作提供充沛的精力，甚至还可以下楼散步。

俗话说，早起的鸟儿有虫吃。看起来我们只是早起了一两个小时，但这让我们以最饱满的精力做完上午的工作，餐后还有时间休息，尤其是在下午显得更加精力充沛，哪怕工作上遇到突发情况也完全可以圆满解决。等到傍晚时分，当其他同事像你之前一样正在重复“7−11”的生活模式，而你却在提前完成工作的情况下，按时下班。这样一来，你可以早早地赶在太阳下山之前吃晚饭，让胃在入睡之前有充足的时间消化食物，也能提高睡眠质量。相比之前晚上 11 点钟匆忙回到家里吃汤泡饭，然后胃部充满地入睡，这无疑是更健康的方式，也有助于拥有良好睡眠。现代职场上，很多年轻人都处于亚健康状态，患有高血压、脂肪肝、高血脂等疾病，身体也日渐臃肿与肥胖，这与一日三餐不规律，晚上总是胡吃海塞之后入睡，有很大的关系。所以不管是为了身体健康，还是为了提高工作效率，我们都应该坚持早起，这样才能让生活和工作实现良性循环。

众所周知，上午对于每个人而言都是学习和工作的黄金时间，这是因为在上午，人的精神更加清醒，精力也更加充沛。遗憾的是，很多人根本没有好好利用上午的时间，主要是因为他们早晨仓促起床，来不及或者不想吃早饭，导致整个上午在浑浑噩噩中度过，仿佛没睡醒一样。有研究机构曾经调查显示，有至少七成的上班族早晨空腹上班，只有极少数人在家里享用早餐，而大部分人是在去上班的路上边走边吃路边摊，解决果腹问题。很多上班族都认为与其为了做早餐、吃早餐而浪费宝贵的时间，还不如多睡会儿觉呢！事实却是，一个人多睡半个小时或者少睡半个小时并没有关系，而不吃早饭，熬过漫长的上午，却对学习和工作有很大的影响。当然，一旦习惯于早起，根本不会存在少睡半个小时的问题，因为可以把晚上入睡的时间提前。这样一来，就可以保证睡眠的充足和较高的质量。

由此可见，要想真正打破恶性循环的怪圈，就一定要下决心去做。当真正坚持早起，我们不但会有健康的身体，有更高的工作效率，还会发现一个不一样的自己：是那么神采奕奕，活力满满。任何时候，身体都不会欺骗我们，不要总是把“累”“困”挂在嘴边，而是要有的放矢调整好作息时间，坚持早睡早起，给身体更好的对待。近些年来，时常看到年轻人猝死的新闻，他们大多只有三十几岁，极少数四十多岁，都正处于人生中年富力强的阶段，为何突然毫无征兆地猝死了呢？其实，身体从来不会和我们开玩笑，而是早在猝死发生之前会对我们提出各种预警。遗憾的是，有太多的人忙于工作，应付生活，总是对身体的预警视若无睹，也总是对身体的各种异常信号不理不睬。

前段时间，网络上有个记者参加单位体检之后，就被留在医院里，因为他的血压实在太高了，导致他整个人身体内的血管随时有可能爆裂，从自以为健康的状态，到浑身插满管子，只用了很短的时间，短到他还无法真正意识到自己成为危重病号。不得不说，有太多人的身体有隐疾，与平日里作息不规律、不重视健康的生活方式有密切的关系。

也有很多敏感的年轻人会发现，每天晚上12点睡觉到早晨7点起床，按理说睡够了七个小时对于成人而言是可以的，但是身体却感到越来越累，越来越疲倦。在这里必须纠正大家一个观点，那就是要想拥有高质量的睡眠，保证睡眠时间只是一方面因素，另一方面更重要的因素是，必须在适宜休息的时间里进行深度睡眠，才更有助于休息和恢复体力。前文说过最佳的睡眠时间朋友们可以参考，尽量调整生活节奏，让自己恢复健康状态。

从现在开始，我们就要改变“7–11”的生活模式，至于变成“4–7”，还是变成“5–8”，则要因人而异，以最适宜保持健康、提高效率为主。此外，还可以采取循序渐进的方式，先是5点钟起床，给身体一段时间去适应，等到身体逐渐适应，心理上也做好充足准备，再提前到4点钟起床，都是不错的选择。每个人的情况各不相同，为此在进行生活模式改革的时候要从自身情况出发，因人而异，采取最为合适且效率最高的方式，才能事半功倍。但是无论如何，改变“7–11”的生活模式迫在眉睫，是当务之急。

2. 解乏靠的是深度休息

一直以来，对于睡眠，很多人都有误区，即觉得睡的时间越长越好，如果缺乏睡眠，还可以在某一天睡到日上三竿来补上。很多细心的朋友都会有一个发现，即有的时候睡眠时间虽然短暂，但是睡醒之后却精力充沛、神清气爽。反之，有的时候睡眠时间很长，比如因为是休息日，所以早晨睡醒之后并没有起床，而是继续紧闭双眼投入下一个回笼觉之中，结果等到中午时分起来只觉得头昏脑涨，浑身酸痛，反而觉得更加劳累和疲惫。这是因为前者处于深度睡眠状态，所以得以快速解乏，而后者尽管睡眠时间长，但是睡眠的质量很低，为此使得睡眠变成了一种消耗，因而更觉得疲惫和乏力。由此可见，解乏靠的是深度休息，而不是紧闭双眼强迫自己入睡，僵硬地保持睡眠的状态。

在日本，有个调查机构针对全体国民进行了睡眠调查，最终得出结论，即所有人的睡眠平均时间为 7 小时 23 分钟。要知道，这项调查可是包括新生儿的，众所周知，新生儿的睡眠时间很长，由此也就可以看出成人的睡眠时间越来越短。这是为什么呢？是因为工作的压力、生活的忙碌。调查还显示，在成人群体中，20～29岁群体睡眠时间最长，而30岁之后，人们的睡眠时间普遍减少。而且在世界范围内，越来越多的人为失眠所困扰，导致睡眠质量急速降低，也由此引发了身体问题、心理问题等。由此可见，对于睡眠急需关注。再也不要把徒劳地延长睡眠时间作为当务之急去解决，而是要把促进深度睡眠作为首要任务，这样才能高效地解决睡眠问题。

克雷特曼和德门特是芝加哥大学的老师，负责教授生理学，并且从事生理学研究工作。为了推进睡眠革命，他们对很多睡眠状态下的实验对象进行观察，发现这些实验对象有的时候明明已经睡着了，但是他们的眼球却在不停地运动。与此同时，他们的身体处于睡眠状态，非常安静，那么，他们的眼球运动到底意味着什么呢？经过深入研究，他们发现这些实验者都在做梦，也就是说，他们的大脑实际上是醒着的，因此才会进行思维和意识活动。在生理学领域，这种人在睡眠状态下眼球运动的现象被称为快速眼动。和快速眼动现象相对应的是非快速眼动。通俗地说，在非快速眼动状态下，人的身体和大脑都进入休息状态，也就是我们平日里所说的深度睡眠。而在快速眼动状态下，人的大脑正在为从睡眠中醒来做准备，为此它是一座桥梁，能够联系清醒状态与意识、低体温下的睡眠状态。对于健康的成年人而言，每个睡眠单位大概是1.5个小时，而在最初入睡之后，会接连拥有两个睡眠单位都处于深度睡眠之中。而此后的睡眠则是快速眼动睡眠和非快速眼动睡眠相互交替进行，为此成年人在最初入睡的3个小时里，就可以让大脑得到休息，也让大脑恢复精力。如果睡眠时间很短，保持6个小时的充足睡眠就已经足够支持一天的活动。

相比之下，很多人在睡醒之后不马上起床，又进入睡回笼觉的状态，则大多数都是在进行快速眼动睡眠，人始终处于半睡半醒的状态，为此更觉得疲惫和乏力。与其硬躺在床上追求睡眠的模式，不如当机立断起床，洗把脸，让自己精神抖擞去做该做的事情。掌握了睡眠的规律，我们就可以坚持深度睡眠，从而让自己睡更少的时间，却得到更加充分的休息，这样一来，自然提高了睡眠效率，也可以让我们最大限度借睡眠的作用恢复精力和体力。

在每个睡眠单位的节点起床，比在睡眠单位之中起床，强迫睡眠终止，让我们感到更加舒服，也会神清气爽。当然，任何数据都是在普遍调查的基础上，针对每一个生命个体，还会有特例的情况存在，因而要因人而异，特事特办。

从这个角度而言，与其通宵达旦地完成工作，不如选择在深夜到来的时候先睡上三个小时，然后再起床工作效果更好。否则，整个夜晚都不睡觉，只会导致次日工作起来头昏脑涨，甚至次日的巨大损失会完全抵消熬夜的微小收获，可见熬夜工作是得不偿失的行为。如果能提前睡三个小时，就可以在早起工作之后，依然有一个神采奕奕的上午。等到中午困倦来袭，适度睡个短暂的午觉，就不会因为困倦而影响下午的工作，这岂不是最合理且效率最高的休息方式吗？

在这个世界上，有各种各样的投资方式，在工作上付出是为了升职加薪，是为了实现自己的价值；在兴趣爱好上投资，是为了有朝一日能够出人头地，拥有属于自己的事业；在孩子身上投资，是希望孩子将来能够过得好，不需要啃老，还可以给父母更多的照顾与帮助……实际上，睡眠也是一种投资。既然是投资，就要讲究回报率，如何以最短暂的睡眠获得更多的精力，这是我们必须慎重思考和认真对待的话题。只有掌握睡眠的方式和技巧，我们才能通过深度睡眠让大脑得到休息，让整个人精力充沛。

3.让人精力充沛的“3-8”式活法

看到这里，也许很多朋友都会感到疑惑，为何我一直在强调4点钟起床，而对于5点钟、6点钟起床都没有那么推崇呢？别着急，请继续看下去，你就会对“3–8”生活模式产生浓厚的兴趣，也会随着对“3–8”生活模式的深入了解而茅塞顿开。众所周知，一天有24个小时，根据平均原则，我们可以把24个小时分成三个时间板块，而每个时间板块都有8个小时。除了睡眠8个小时之外，我们上午有8个小时，下午有8个小时。

和这样均衡的分配相比，大多数职场人士每天的时间分配和安排是怎么样的呢？按照大城市里很多公司奉行的朝九晚五工作制度，职场人士从早晨9点到达公司开始工作，到中午12点休息吃午饭，满打满算也就工作三个小时。然而，现实的情况却是，一个人如果9点钟准时到达公司，是不可能从9点开始就全力以赴投入工作的，而是在开始工作前需要一段缓冲的时间，而一旦到了中午11点半之后，又因为饥饿或者惦记着吃午餐，而导致工作效率低下，为此上午往往只有两个半小时的工作时间。

中午，是职场人士吃午饭和休息的时间，从 12 点到下午 1 点，要抓紧时间吃午饭、休息。这样一来，从下午 1 点到 5 点下班，还有四个小时，即使到下午 6 点下班，也就还有五个小时时间。大家都知道上午神清气爽，工作效率比下午高。在吃完午饭之后，很多人都会昏昏欲睡，很难第一时间投入工作。为此，下午的五个小时也会打折扣，可能全力用来工作的时间至多四个小时。由此可见，每个人每天从名义上来说是工作 8 个小时，实际上也就工作 6 ~ 7 个小时。在工作日里，每个人每天大概有 16 个小时保持清醒，由此可见，真正工作的时间只占据 35% ~ 45%。看到这里，相信有很多朋友都会感到疑惑，既然上午的工作效率更高，为何要按照上午 3 小时、下午 5 小时的比例设定工作时间呢？为何不把上午的工作时间设定成 4 个小时，把下午的工作时间也设定成 4 个小时呢？这一点，和大城市里的现实情况有着密不可分的关系。

我曾经在县城的一所小学里当老师，那个时候，我们的工作时间是从早晨 7 点钟到校，到下午 5 点钟放学离开，中午则有两个小时的休息时间。这样一来，就实现了上午 5 个小时，下午 3 个小时。这么设置，是因为可以充分利用上午的时间，让孩子们高效率地学习，而把下午的时间用来上副课，或者完成作业，或者进行课外活动，促使孩子们全面发展。所以最初来到北京，得知 9 点钟才上班，我很高兴，因为这样一来，我就无须 6 点钟起床，而是可以睡到至少 7 点钟再起床。然而，事实并没有我想得那么乐观，第一天上班我就因为对路上的情况估计不足，导致7点半出门，一个半小时之后还没有到达单位。我很尴尬，这才知道路上居然要花费那么多时间。后来，我还是6点半起床，7点出门，才有把握在9点之前赶到单位。对于我这样初来乍到在北京只租得起六环外一间卧室的年轻人而言，这样的奔波是常态，而那些家就住在单位旁边的北京土著们，则每天早晨都可以睡到太阳晒屁股，起得早的，再做一份工作也完全来得及。由此可见，大城市里的朝九晚五只是为了让住在遥远的四面八方的年轻人们，都能准时赶到公司而已。

如果你从事的是朝九晚五的工作，不管住得近还是住得远，都要按照公司规定的上下班时间去做，从而在此基础上调整自己的作息时间，尽量做到早起，合理安排生活和工作节奏。如果你有幸从事自由职业，那么就可以遵循早起的原则，合理规划时间，让自己在早起一片寂静的氛围里完成大部分工作，然后在白天的时间里做一些其他的工作，也进行适度的休息。总而言之，时间对于每个人都是绝对公平的，也是有限的，从不曾因为任何人而多一分，也不会因为任何人而少一秒。要想增强时间的效用，就要合理分配和充分利用时间，这样也就相当于让人生变得更加充实且富有意义。

小米在一家计算机公司里任职，是程序质检员。其实，这不是小米大学所学的专业，因为小米大学毕业后始终找不到让自己满意的工作，所以就参加了计算机编程培训，成为一名质检员。小米很喜欢这份工作，尽管工作内容需要认真细致地完成，略显枯燥，但是公司管理非常人性化。公司规定，只要上班满八个小时，且保质保量完成工作，就可以自由安排上班时间。

一直以来，小米都坚持朝九晚五，和老公一起早出晚归。自从有了孩子后，小米意识到每天天不亮出门、披星戴月地回家，陪伴孩子的时间太少了。为此，她决定早起以完成工作，而把整个下午的时间都留给孩子。有了这种想法之后，小米坚持早起，从原本的6点半起床提前到5点半起床，独自乘坐公交、地铁，7点就能到达公司。这个时候公司里很安静，小米全神贯注工作，不会受到任何打扰，为此工作效率特别高。小米从7点钟工作到下午3点，就可以赶在5点之前回到家里陪伴孩子。她可以带着孩子在小区广场上玩两个小时呢！渐渐地，小米习惯了早起，又把时间提前到4点。这样一来，她赶着4点半的早班车去单位，6点之前就能到单位。每天中午，小米吃完午饭工作到2点，就可以回家陪伴孩子。后来，领导看到小米工作效率很高，而且工作质量非常好，还特批小米可以在完成工作的情况下，干满六个小时就能结束一天的工作。就这样，小米始终坚持4点起床，12点准时回家，到家的时候，孩子正好午睡醒来，和小米一起度过整个下午。当然，小米晚上睡觉的时间也大大提前，她和孩子一起作息，每天8点钟准时洗漱，8点半睡前故事，9点钟睡觉。为此，小米可以保证至少六个小时的睡眠时间，中午回到家里还可以午休半个小时，根本不觉得困倦，反而整个人变得比以前更加有精神，工作状态也越来越好。

小米很成功地实现了一天之中三个时间板块的价值和效用。晚上8点到凌晨4点，是睡眠的专属时间，每天凌晨4点到中午12点，则是全力以赴高效工作的专属时间，每天中午 12 点到晚上 8 点，则是陪伴孩子、享受生活的时间。这样的时间安排非常合理，而且做到了工作和生活兼顾，是很高效且成功的。

“3–8”生活模式，是很多自由职业者或者工作时间灵活的人适宜采用的工作和生活方式，能够最大限度实现时间的效用，让每一分每一秒都物尽其用，收获满满。作为年轻人，切勿贪睡，而是要坚持早睡早起，从而做到早起的鸟儿有虫吃，也才能发掘出自身的潜能，让人生变得充实精彩、从容笃定。

4. 这样休息不用睡足 8 小时

为了让大脑得到充分休息，我们可以选择在熬夜完成工作之前睡上 3 个小时。前文说过，这三个小时都是非快速眼动睡眠，属于深度睡眠，为此可以在最短的时间内最大限度给大脑充电，也帮助我们恢复精力。先睡 3 个小时再熬夜，和传统意义上的彻夜不眠熬夜法相比，显然是更加健康的熬夜方式，还可以帮助我们恢复神清气爽，提高工作效率。实际上，从早起的角度来说，也可以把先睡 3 个小时，理解为 11 点 30 分上床酝酿睡意，12 点入睡，然后在 3 点钟早起，从而神思敏捷地开始工作。

看到这里，相信有很多朋友都会大呼小叫：天啊，4 点钟起床都已经非常困难了，怎么能提前到 3 点呢？！需要注意的是，3 点钟起床不必成为习惯或者常态，而是可以在工作紧急的情况下选择在 3 点钟起床。有些人从事自由职业，如自由撰稿人、设计师等，如果自由是工作的常态，那么就可以把 3 点钟起床作为一种习惯延续下来，从而每天都可以在凌晨3点到早晨7点的时间里，全神贯注工作四个小时。只要坚持这么做，我们就会发现工作效率大大提高，而且整个人的工作状态也会非常好。

如果晚上11点钟入睡，而在凌晨3点钟起床，就可以保证四个小时的睡眠。如果在凌晨4点钟起床，就是五个小时的睡眠时间。这与人们惯常以为的必须睡足八个小时的观念是截然不同的。古今中外，很多伟大的人都坚持少睡。例如，在科学领域，爱迪生是不折不扣的发明大王，一生之中有很多项发明。他之所以能够发明这么多东西，就是因为他始终坚持少睡。大名鼎鼎的拿破仑大帝，也常常在马背上打盹儿，以此让大脑休息和给大脑充电。为何他们都觉得三小时睡眠足够呢？是因为他们拥有高质量的深度睡眠，也有很多比睡觉更重要的事情等着他们去做。

当习惯了三个小时睡眠法，我们不需要八个小时就能得到充分休息，也不需要闹钟就能自然醒来。记住，在醒来之后，不要当即又昏沉睡去，而是要保持清醒的状态，马上起身做一些有意义的事情，这样才能彻底把瞌睡虫赶走。日久天长，人体就形成了生物钟，习惯了这样的睡眠状态。当然，要想做到这一点，先改变思想和观念是最重要的。如果一个人坚持认为自己必须睡够八个小时，否则就会恹恹欲睡，那么当他没有睡够八个小时，就真的会困得睁不开眼睛，这都是心理作用。反之，如果一个人坚信自己只需要睡三个小时就可以继续精神饱满地工作，那么在睡够三个小时之后，他真的会从睡眠中恢复清醒，并且高效率地完成很多事情。

不可否认的是，对于睡眠，每个人都有不同的需求。有人必须要睡够十个小时才能得到休息，恢复精力；有人只需睡三四个小时，就可以在一天之中都神采奕奕。这是特别生命个体对于睡眠的常态，要区别对待。

今天是周三，雅菲因为在工作上出现失误，不得不熬夜加班，才能重新完成一篇工作汇报，因为次日就要参加会议述职了。对此，雅菲感到很着急，下班回到家里连饭都没有吃，就开始埋头苦干。然而，到了晚上 11 点，雅菲就像是被瞌睡虫绑架了一样，上眼皮非常沉重，总是情不自禁要和下眼皮往一起粘。丈夫看到雅菲这么疲惫的样子，劝说雅菲："还是睡一会儿，明天早晨早点起来再继续赶吧！"雅菲当然不同意："9 点钟就要开会，我根本没有时间拖延了。万一睡过了头，明天一定死得很难看，说不定连工作都会失去了。"雅菲继续坚持着，但是到了 12 点，她情不自禁趴在书桌上睡着了。

凌晨3点，雅菲从睡梦中惊醒，一看时间已经3点了，马上洗了把脸，就全力以赴投入工作。让雅菲惊讶的是，虽然只睡了三个小时，但是她的状态特别好，和睡觉之前昏昏欲睡、眼睛都睁不开的样子丝毫不同。雅菲只用了三个小时就完成了工作汇报的编写。丈夫这个时候起床去洗手间，劝说雅菲上床睡一会儿，等到 7 点半洗漱去公司完全来得及，但是雅菲却说："不需要。我现在感觉特别好，非常清醒，哪怕让我继续工作也没有问题。"就这样，雅菲用一个小时检查完工作汇报，又花了半个小时给家人准备了丰盛的早餐。这个早晨，雅菲非但没有因只睡了三个小时而疲劳困倦，反而充满活力。在公司举行的述职会议上，雅菲表现非常好，获得了领导的一致好评。

不要根据时间去衡量睡眠，而是要根据质量去衡量睡眠。不管睡了多久，如果醒来的时候整个人神清气爽，而且思路清晰，那么睡眠就是高质量的，而且已经从睡眠中得到了充足的休息，再次恢复了能量满满的状态。反之，如果醒来之后昏昏沉沉，思路不清晰，则意味着睡眠质量很低。只有保证深度睡眠，才能在短时间的睡眠中恢复精力，保持活力。

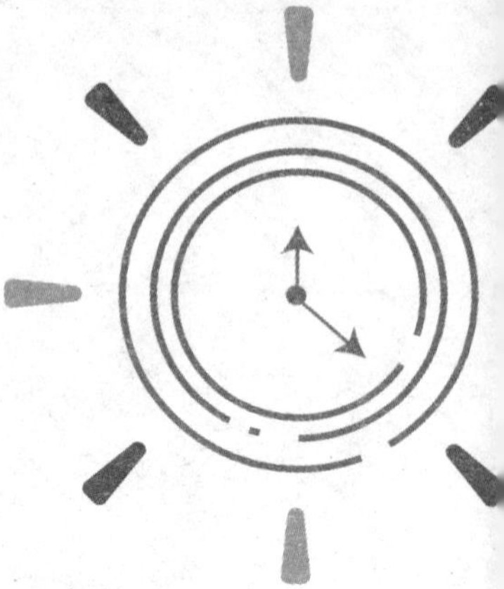

5、没有条件，创造条件也要午休

对于早起的人而言，尽管已经在前一天晚上提早了入睡的时间，不再当“夜猫子”，也要在次日进行适当的午休。否则，一天开始得太早，难免会觉得身体疲倦，内心紧张焦虑。职场上始终流传着一句话，“中午不睡，下午崩溃”，其实这句调侃是很有道理的。也许有些朋友会说自己没有条件午休，当然，在办公室、格子间里午休，不会像在家里那么舒适惬意。虽然午休的条件不是很好，我们依然要创造条件午休，这样才能保证整个下午神清气爽，也才能真正有效地提高下午的工作效率。

当然，刚吃完饭就午休是不好的，午休必须讲究时机，也必须采取适宜的姿势才行。很多年轻人一吃完饭就趴在桌子上睡觉，结果导致胃部消化不良，午休结束后胃部很胀，整个下午身体都不是很舒服。吃完午饭之后，正确的做法是消化半个小时，可以先坐着休息，再起来走动、散步，等到半个小时之后胃部没有那么饱胀，再午休会更舒服。

很多人习惯于趴在桌子上午休，这会导致胸部受到压迫，使得胸部血液循环不好，也导致腹胀嗳气。如今，有午休枕可以购买使用，所谓午休枕就是在一个枕头中间掏个洞，这样人可以趴在枕头上，使枕头对头部起到支撑作用，而面部则埋在枕头中间，不会受到压迫。这样有效地缓解了午休时因为挤压而导致流口水的现象，对于提升午休的舒适度是很有效的，还可以帮助朋友们维持良好的形象。有些单位比较人性化，到了炎热的季节，中午会给员工们两个小时的时间吃饭和午休，而把早晨上班时间提前到8点，把下午下班时间延长到6点。这样一来，只要条件允许，还可以买个折叠的午休躺椅，从而以更加舒适的姿态午休。

以早晨4点钟起床为例，到下午6点钟下班回家，其间有14个小时的时间，还是很漫长的。人即使经过夜晚的充足休息，也无法支撑自己在14个小时里始终保持精力充沛的状态，午休就像是人在一天活动中的驿站，让人能够得到短暂的休息，恢复精力。午休的时间不宜过长，以半个小时为好，不要超过一个小时。时间太长，人会陷入深度睡眠的状态，也会因为过于投入睡眠，而导致午休结束后很长时间都无法摆脱睡眠的状态，因而神思恍惚。午休之前，可以定个闹铃，帮助自己结束午休。如果办公室里，同事们之间关系非常好，还可以互相提醒一下。当然，如果有规律的午休始终都在延续，日久天长，我们就可以在午休时间到了的时候自动醒来。有很多人对于午休没有自制力，尤其是在休息日的时候，一旦午休，就会从中午睡到傍晚。不得不说，这是非常糟糕的行为，也会给生活带来严重的负面影响。

试问，一个人如果下午睡了好几个小时，晚上还能顺利入睡吗？而如果晚上处于失眠状态，根本无法顺利入睡，则次日清晨早起就会变得很痛苦。为此，面对午休，我们一定要有自制力，这样才能保证作息规律，也才有助于拥有健康适度的睡眠。

也有极少数单位不允许员工大张旗鼓地午休，虽然这个规章制度不够人性化，但还是可以变通的。领导也许是担心大家都呼呼大睡会影响工作氛围，使得整个公司在下午也恹恹欲睡。但是，中午的吃饭和休息时间还是有的，那么作为女性员工就可以在单位附近办理一张美容卡，最好是年卡性质，这样中午吃完饭就可以去美容院做个面部或者头部SPA，在享受美容服务的同时还可以打个盹儿，精神就会好很多。作为男性员工，也可以去理发店做个头部按摩，或者盲人推拿，都是很不错的选择。当然，几个同事相约去茶室喝茶，可以聊天，可以假寐，都是很不错的选择。总而言之，午休的方式多种多样，午休的条件参差不齐，当我们认识到午休的重要性，就要想方设法午休，为下午工作储备精力。

除了以睡眠的方式进行午休之外，如果办公室里条件有限，还可以采取冥想的方式让自己犹如老僧入定，让大脑获得休息。正念冥想，可以帮助我们摒弃心中的私心杂念，让我们在打坐过程中清空内心的繁杂，获得心灵的宁静。正念冥想不但可以帮助我们获得休息，还可以帮助我们给予自己积极的暗示，这样一来，我们就会得到正向的力量。等到下午面对繁杂的工作和各种琐碎的事务时，自然能够保持良好的精神状态，内心也会充满力量。此外，去公司附近的大学校园里散步，暂时放下工作上的烦心事，而感受校园里浓郁的文化气息，坐在校园的长椅上享受阳光照射在身上带来的温暖，这些都是很不错的选择。所谓的休息，除了要补充睡眠，也要让心灵得到放松和休憩，让大脑得以清空和充电，才是真正意义上的休息，也才是卓有成效的休息。

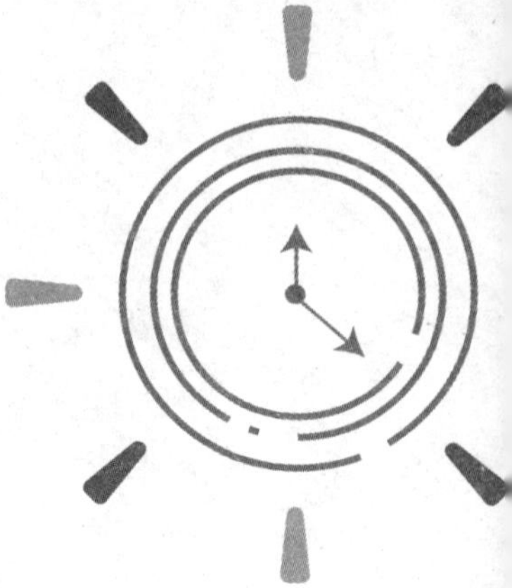

6. 即使失眠，也不要奖励自己晚起

很多人都误以为睡眠是可以补充的，比如前一天睡觉太晚，后一天就要睡到中午才能起床，自以为补充了睡眠，不再欠缺睡眠，实际上却会因为扰乱了生物钟，而导致花费很长时间辛辛苦苦才建立起来的作息规律被打乱，想重建又需要花费很多时间和精力，付出极大的努力。为了保护生物钟，哪怕有一天严重失眠，也不要以次日晚起奖励自己，否则一旦生物钟紊乱，只会导致失眠的现象越发严重。

前面我们讲过，生物钟就是人的身体在长期保持固定的作息习惯之后形成的规律。有生物钟的人，每天早晨不需要闹钟也不需要人喊，到了固定的时间点就会醒来。形象地说，生物钟就像是人身体内的闹钟一样，到了时间就会自动响起来，提醒我们该起床了。当然，生物钟不仅对起床有作用，对于按时入睡也有强大的作用。建立了生物钟的人，每天晚上到了固定的入睡时间，就会感到困倦，躺在床上很容易就能睡着，由此可见，生物钟对于建立规律作息有重要的作用和意义。

昨天晚上，小敏因为入睡前看了一部电影，对于电影出人意料的结局感到十分惊叹，所以躺在床上迟迟不能入睡，眼前总是出现电影里的片段和情境，心中也在不停地感慨着编剧和导演怎么这么厉害，居然能够拍摄出这么好的作品。想着想着，小敏又从电影情节联系到自己的生活，心潮澎湃，居然在凌晨 1 点钟的时候依然瞪着大眼睛看着虚空的黑暗，丝毫没有入睡的意思。小敏很着急："再有三个小时我就要起床了，但是我还没睡着！"无奈之下，小敏只好开始数羊，不知道什么时候，她终于睡着了。次日是周末，虽然在此之前小敏一直坚持周末也早起，但是当 4 点钟醒来的时候，小敏感到十分困倦，忍不住自我安慰："哎呀，我才刚睡着，不如放纵一下，睡到中午吧。"就这样，小敏昏昏沉沉睡去，直到 11 点多才醒来。整个下午，小敏都觉得头疼，她知道都是失眠导致的，却没想到到了晚上更糟糕的情况出现了：因为睡到 11 点多，小敏此前好不容易形成的生物钟被打乱，居然又开始失眠。小敏懊悔不已，意识到自己不应该在失眠之后自我放纵。她决定：今晚不管什么时候睡着，明天早晨 4 点我都要按时起床。次日，小敏 4 点按时起床，中午午休的时候也只休息了半个小时，这样努力纠正和恢复生物钟，小敏才重新形成以往的作息习惯，当夜晚再次到来时，她睡得非常香甜。

对待失眠最糟糕的补救措施，就是在失眠之后睡到自然醒，或者即使醒了也不起床，而是继续赖在床上，误以为只要多睡一会儿就能彻底弥补失眠。殊不知，睡眠并不能单纯地累积，而是要选择在合适的时间里进行深度睡眠，才能拥有更高质量的睡眠，也得到更充分的休息。曾经有生理学家经过研究发现，当一个人在一两天的时间里缺乏睡眠时，并不需要刻意去补充睡眠，因为身体是很敏感的，会自然地调节作息规律，调整身体状态，让身体再次睡眠的时候，可以进行深度睡眠，从而缓解疲惫和困乏。所以我们完全无须为了一两天睡不好觉就感到万分紧张，而是要顺其自然，继续坚持原有的作息规律，从而让自己始终都能获得优质的睡眠。

从睡眠的角度而言，早起还是改善失眠的好方法之一。通常，我们之所以失眠，是因为精神紧张焦虑，也是因为睡眠没有规律，为此呈现出毫无规律的变化。早起，让我们能够感受到太阳初升的温暖，也让我们看到每天凌晨沐浴在新鲜空气中的美好景色，还可以让我们在喧嚣全无的寂静环境中感受自己的内心，贴近自己的心灵，进行自我感知和反省，这样更有助于保持好情绪，也可以帮助我们变得更加积极乐观。这是从心境的角度进行分析。从睡眠本身的角度进行分析，坚持早起让我们的作息更有规律，而且很多人之所以失眠是因为睡得太多，只要始终都能做到早起，而且控制好午休的时间，我们的身体到了该休息的时间，就会感到困倦。一个人如果不觉得饿，即使面对着山珍海味也吃不进去；一个人如果睡得太多，不觉得困倦，即使有充足的时间睡觉，也很难成眠。反之，在饥饿的状态下，哪怕只吃馒头也会觉得香甜，因而狼吞虎咽；当疲惫不堪的时候，哪怕只有短暂的时间可以睡觉，也会觉得只要能够闭上眼睛就是最大的幸福。

一个人如果长期缺乏睡眠，透支身体，会引起很多严重的后果。然而，凡事皆有度，过度犹不及，睡得太多同样会让睡眠变得无足轻重，也会大大降低人们睡眠的质量和拥有睡眠的幸福感。所以我们要合理控制和安排睡眠，这样才能让睡眠适度，也大大提升睡眠的质量。如今，很多人为失眠所困扰，这个时候一定要保持良好的心态，也要采取正确的方式应对失眠，这样才能有效缓解失眠，最终拥有好睡眠。

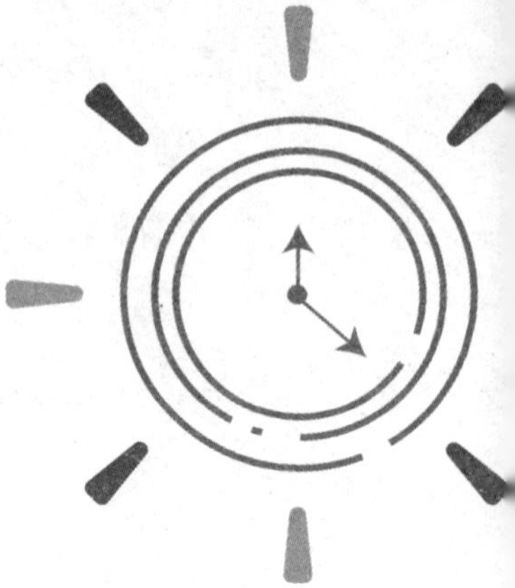

7.跟"再睡5分钟"说"NO"

俗话说，好吃莫若饺子，舒服莫若躺着。如果不仅能够躺在温暖舒适的被窝里，还能享受着深度的睡眠，那么起床真是一件非常艰难的事情。尤其是在很冷的冬天里，当被窝内外的温度相差很大，我们总是情不自禁地往被窝里缩；尤其是在很困倦的情况下，似乎能够继续闭着眼睛感受被窝5分钟，都是莫大的幸福。然而，千里之堤溃于蚁穴，有的时候正是因为放纵自己再睡5分钟，我们很有可能沉浸在睡眠之中一下子就睡了很长时间，也有可能在次日清晨起床的时候把拖延的时间变成10分钟……不管从哪个角度来说，再睡5分钟都不是一个好苗头，而且不利于我们坚持早起，养成好习惯。

人的本能就是做对自己有利的事情，从而避免让自己承受更多的艰难和压力。为此有位名人说过，每个人最大的敌人就是自己，这句话非常有道理。这是因为人人都有自控力，但是自控力并非与生俱来就很强大，这直接导致人们在面对生活中的很多艰难处境时，总是情不自禁地想要逃避或者妥协。在这种情况下，必须增强自己的意志力，才能有效提升自控力，也才能在感到矛盾或者犹豫的时刻，给予自己积极正向的暗示，从而避免让自己陷入放纵的状态。

很多出国的人都有倒时差的经历，知道那是很难过的过程，也很难在第一时间就把时差颠倒过来。但是作为职场人士，难道能在去美国出差回到中国之后，请一个星期的假给自己倒时差专用吗？当然不可能。次日清晨，不管多么困倦和疲惫，我们都要强迫自己按时起床，去公司报到，开始在国内的生活和工作。要想把自己从“夜猫子”变成晨型人，也必须当机立断。古人云，明日复明日，明日何其多，我生待明日，万事成蹉跎。没错，要想迈出走向晨型人的第一步，我们就要从今天开始坚持早起。切勿在早起的时候放纵自己再多睡5分钟，因为渐渐地你会发现，这样的放纵就像把一张纸撕开了一个口子，在惰性的作用下，这个口子会越来越大，最终变成“等明天，我一定按时起床”。

很多人都读过关于寒号鸟的故事，也知道在秋天的时候寒号鸟就说要等明日垒窝，结果等到严寒的冬天到来，它最终因为没有存身的地方而被活活冻死。人生看似漫长，实际上非常短暂，如果做任何事情都要拖延到明天，而荒废了今天，那么即使等到明日到来，变成真正的今天，我们还是无法抓住曾经的明日。

古人云，少壮不努力，老大徒伤悲。对于人生，我们要把很多事情做在前面，对于每一天，我们都要尽早地开始，这样才能更加从容不迫，也才能真正做到高效。对于任何习惯的养成，最开始的几天因为需要与慵懒懈怠的本能进行抗争，为此会感到很痛苦。但是只要熬过了最初的几天，后面就会一天更比一天好。从各种影视剧中，我们都看到过人在戒掉各种瘾的时候，前期是很艰难的，而随着坚持的时间越来越长，他们后面的日子会变得更加容易。嗜睡也是一种瘾，也许我们还没有达到嗜睡的程度，但是却依然需要以顽强的意志力与温暖的被窝和慵懒的自己进行博弈。

很多人对于睡眠的需求都存在误区，他们总觉得只有睡到自然醒才是真正睡饱了，其实不然。当我们躺在温暖的被窝里不想起床的时候，并不是因为没有睡醒，而是因为我们更加留恋躺在床上舒适的感觉，是不想改变的惰性在发生作用。起床，恰恰意味着我们从一整晚已经习惯的慵懒享受状态，要当机立断进行改变，让自己进入充满动力、精神高昂和亢奋的状态。为什么很多动物一到冬天就会选择冬眠，一则是因为气候温度，二则是因为它们无法获得充足的食物，三则是因为它们本身的惰性在前两个因素的综合作用下得以凸显，占据上风。人和动物一样，都有本能的惰性，都不想改变，都不想付出。当早晨的闹铃响起，你却一遍又一遍拖延着起床，把闹铃关掉，实际上你的内心深处是在抗拒崭新的一天到来，而沉浸在旧日的舒适和惬意之中。举个最简单的例子，很多孩子不想上学，早晨起床之后会磨磨蹭蹭，拖延上学的时间。为此，很多父母都说孩子有拖延症。假设孩子在周末知道自己起床之后会去游乐场，那么一切就会大不同。上学的日子里到了 7 点钟还赖在被窝里的孩子，也许早晨 6 点钟就会起床，还会积极地喊醒父母。哪怕父母告诉他游乐场要 10 点钟才开门，他们也会抓紧时间洗漱吃饭，而不愿意在家里多待一分钟。和待在家里相比，他们宁愿去游乐场门口等着。这就是不同的事情对于孩子产生的吸引力不同。

成人也和孩子一样，排斥自己所抗拒的，而张开怀抱迫不及待欢迎自己想要的和向往的。作为成人，如果知道自己在崭新的一天里会升职加薪，还能按捺住自己一直等到最后一刻才出家门去公司吗？当然不会。他会早早起床，把自己打扮得很精神，然后提早出门赶去公司，还要努力压抑住心中的狂喜，避免招来同事的羡慕嫉妒恨，实际上心里早就乐开了花。由此可见，很多早晨起不来的人不是因为困倦，也不是因为没有睡饱，只是因为内心倦怠、消极，不曾对新的一天充满渴望，更没有为了迎接新的一天而敞开怀抱。

每一个早晨的开始绝不仅仅关系到早晨的状态，而是会对一天都产生很大的影响。通常情况下，当我们拥有一个充实的早晨，我们一整天都会觉得内心很踏实，也会因为在早晨就有所收获而感到充满希望，充满奋斗的力量。相反，当我们在混乱无序和绝望忙乱中度过早晨，我们一整天都会感到内心很消极沮丧，无形之中对于接下来一天的预期都会降低。由此可见，早晨对于每个人都至关重要，用早起的几个小时换来一天的好状态，是非常值得的，也是每个人都应该努力去做的。让我们调整好心态，坚持每天早晨都带着目标和激情醒来，绝没有片刻拖延，这样才能给一天奠定积极向上的基调，也才能真正做到和“再睡 5 分钟”说拜拜！

Chapter 4

进阶，

让早起的每一分钟更高效

你的确已经做到了 4 点钟起床，但是在 4 点起床到 7 点半出门的三个半小时里，如果你不能实现时间的高效利用，而是在不知不觉间浪费时间，你的早起就是没有价值和意义的。相反，哪怕你只早起了半个小时，如果能够把这半个小时充分利用，就会实现时间的最大效用，让早起的每一分钟都物尽其用，实现价值。

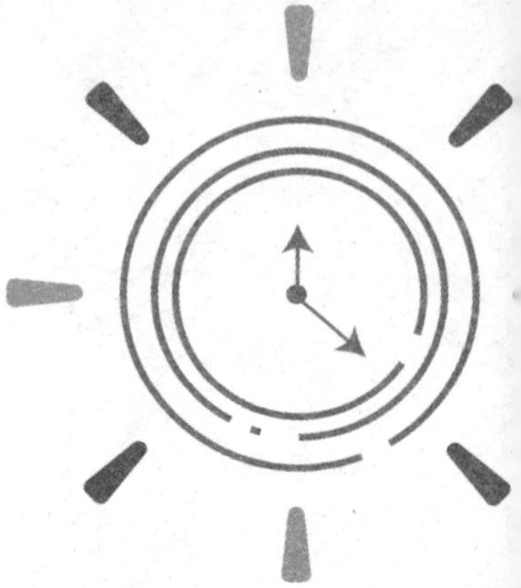

1. 统筹兼顾，用思维导图帮你确定“优先”和“紧急”

记得在初中阶段学习过一篇关于统筹的文章，大概意思是告诉我们一心虽然不能二用，但是对于很多事情却可以安排在同一个时间段进行。为了实现互不干扰的情况，在针对这些事情进行统筹安排的时候，就要考虑做事情需要投入的时间和精力，从而对事情进行更加合理和到位的安排。即使对于同一个时间段里相同的时间而言，是否能够高效率利用，统筹安排，也会对时间的利用率产生很大的影响作用。

前文简单提到过，应该以轻重缓急为标准，对事情进行分类：重要且紧急的；紧急但不重要的；不紧急但很重要的；不重要也不紧急的。针对这四种类型的事情，我们当然要顺次往下做。然而，有的时候，如何界定事情的轻重缓急程度，或者如何区分事情是否需要当即就做，并不容易做到。在这种情况下，就可以借助思维导图来整理各种事情，从而一目了然知道每件事情的轻重缓急程度，知道什么事情应该优先，什么事情属于紧急，从而做到统筹兼顾，更加有效利用时间。

那么，什么是思维导图呢？所谓思维导图，是一种非常实用的思维工具，采取图文并茂的方式，能够把更多的信息形象地呈现出来，再辅以不同的颜色作为区分，从而给人一目了然的感觉。面对纷繁复杂的思维，如果我们能够借助思维导图对思绪进行整理，就会觉得一切都很清晰明确，也是可以做到秩序井然的。

通常情况下，为了梳理知识而制作的思维导图，会根据知识的内部逻辑性作为框架，对知识点进行整理。而如今要对事情的轻重缓急做出区分，则要根据事情的紧急和重要程度进行双维度的排序。这样一来，经纬度越高的事项，越需要放在前面紧急完成；而经纬度越低的事项，则可以在处理完紧急且重要的事情之后，再酌情处理。

看到这里，一定有朋友会问：难道各种事情只能排着队地完成吗？当然，事情总有先后顺序，才能有序开始，但是这并不意味着必须等到一件事情结束了，才能做另一件事情，因为有些事情并不冲突，是可以先后开始，然后同步进行的。对于时间的珍惜不但体现在争分夺秒方面，也体现在实现时间的最大效用方面。人们常常用“一分钱掰成两半花”来形容节俭，其实真正珍惜时间的人，也会把一个小时变成两个小时来用。

近日来，小薇已经习惯了早晨4点钟起床，她为此感到很欣喜，似乎可以预见自己在未来会充实地度过每一个早晨，也会在努力提升自己之后大步流星地向前走。然而，事情的发展并不像小薇所想的那么顺利和容易。每天清晨起床后，小薇认为时间还早，为此上厕所就要用掉半个小时时间。为了不让上厕所的时间虚度，她还拿着手机在厕所里看各种新闻。一开始，她美其名曰关心国家大事，后来看着看着，注意力就被那些花边新闻吸引，为此总是忍不住看那些娱乐新闻和无脑小编写的语句不通、没有逻辑性的文章。上完厕所，小薇再洗漱一下，时间就到了5点。才刚刚捧起书本看了不到半个小时，做早饭的闹铃响了，原来小薇想到自己既然要早起，不如借此机会提升家人的早餐质量，丰富家人的早餐花样，为此把原本的6点钟起床做早饭提前到5点半。可想而知，一旦忙活起来做饭，到7点半这段时间，小薇的时间变得碎片化，根本无法静下心来学习或者工作。

如此坚持早起了一段时间，小薇觉得自己的工作并没有太大的起色，而且也没有真正利用早晨的时间提高学习效率。归根结底，只是让早晨做各种事情的时间都更加充裕，没有那么着急了而已。小薇很困惑："身边那么多人都通过早起做了很多事情，为何我就不能呢？"小薇痛定思痛，努力认真地反思自己，这才意识到自己太磨蹭了。如果每天早晨都以这样的节奏做事情，那么早起就不会再有更多的收获和意义。

想到这一点，小薇决定好好规划早晨起床的时间，免得自己磨洋工，最终觉也没有睡好，还把早起的时间都白白浪费了。小薇把早晨计划做的事情按照轻重缓急制作了思维导图。这是一棵粗壮的大树，主干部分就是"学习和提升"，这也是激励小薇早起最强大的动力。随着一节节分叉，在"学习和提升"之上的是阅读、创作；其次才是做饭。有一点很奇怪，即在做饭的同时，小薇还有一条平行的枝干，那就是运动。原来，小薇此前每天做饭都需要花费四十分钟的时间，在等饭做好的时间里，如果见缝插针地读书或者学习，效果都很不理想。为此小薇灵机一动，决定把“动手动脚”的事情都安排在一起，比如在做饭的同时进行运动，可以做仰卧起坐，也可以跳绳，还可以骑动感单车，这些都是很不错的选择。当然，对于那些需要看守的饭菜，小薇就选择在厨房的灶台前做下蹲起，或者做胸部扩张运动。

接下来，小薇会把饭菜装好，然后喊醒家里其他人，让他们洗漱吃饭。孩子上学要早起，小薇以前常常因为起得晚而无法给孩子做早饭，这个问题如今也解决了，因为小薇早起之后还要等待一段时间，做完自己的事情，才会喊醒孩子们。这个选项再往上，就是送孩子上学和听英语。小薇也想学习英语，为此就把孩子与课文同步的光碟带着在车上播放，这样一来，小薇和孩子都会受益，小薇可以学习，孩子则可以复习和巩固。当然，等到孩子去了学校，小薇或者去办公室提前工作一个小时，或者会把车停在孩子学校附近，而自己则搭乘公共交通工具通勤。就这样，小薇对于自己每天要做什么事情一目了然，丝毫不觉得辛苦和疲惫，而且在时间方面也感到更轻松。

除了把事情根据紧急和重要程度进行优先等级划分，也进行合理计划和安排之外，还需要根据事情的性质和特点进行合理规划。例如，有些事情虽然开始有先后，但是过程却可以重叠；有些事情哪怕在完成时间上相差迥异，也可以在花费很长时间做一件大事情的同时，继续做更多有意义的小事情。这样一来，会实现时间的最大效用，也会真正做到把每一分每一秒都用在刀刃上。

统筹兼顾，告诉我们很多事情也许在现在看来不着急，但是随着时间的流逝和事情不断向前推进，早晚有一天是需要我们去做的。凡事与其等到最后时刻再努力去做，不如现在就调整好心态，主动把事情做得更好，这样为时间打出余量来，才能最大限度利用时间，也能保证在最短的时间内做最多的事情。

2. 零存整取，利用好你的碎片时间

随着时代的发展，网络的普及，如今生活中充满了各种各样的碎片化信息。尤其在智能手机问世之后，如果说人们此前想上网还要大费周折，现在则随时随地用手机上网，浏览网页，查阅资料。不可否认，网络的发达和智能手机的广泛使用，给我们的生活带来了非常大的改变，也让我们享受了更多的便利。但是，与此同时，我们的生活好像被现代化智能通信手段绑架了一样，原本大段的时间不知不觉间被切割成碎片，但是自己却毫无意识，反而说手机是工作和通信的工具，是不能放下的。

曾经有研究机构经过调查发现，很多人每隔几分钟就要拿起手机看一看，即使手机并没有响起任何的提示音，他们也会突然感到心慌意乱。还有些严重依赖手机的人，过一会儿就要摸一摸口袋，确定手机就在口袋里。也有极少数人犯过同样的错误，那就是明明拿着手机却到处找手机。难道我们的生活真的已经到了离开手机就不能活的程

度了吗？难道手机真的如此重要，必须让我们片刻不离地拥有它吗？当然不是。这个地球离开谁都照常运转，你的生活当然也不会因为一部手机就瘫痪。也许在失去手机的最初阶段，我们会感到很大的不适应，但是当我们习惯于摆脱手机，专心致志地工作和生活，我们就会感慨：“世界可真清净啊！”

最近这段时间，我觉得我的手机依赖症越来越严重，这可能与我暂时放下文字编辑工作，改行做一名房地产销售人员有关系。因为不满足于编辑工作总是把自己关在房间里埋头苦干，所以我产生了强烈的与人接触的念头。就这样，我义无反顾离开电脑，通过应聘得到了销售的新工作。一开始，我觉得非常新鲜，因为我每天都可以和形形色色的客户交流，听他们说一些有趣的话，这使我觉得自己重新回到了人间。然而，销售工作的压力很大，客户就是上帝，我常常害怕自己会错过上帝的来电。

在同学聚会上，坐在隔壁的闺蜜提醒我：“亲爱的，你才来了十分钟，已经看了至少三次手机。我想问问你，你离开手机还能活吗？你的时间全被手机占据，我甚至不敢想象你要是没有手机会怎么样。”我很羞愧，毕竟这是同学聚会，我和同学们已经十年没有见了。看着昔日的同窗伙伴，我难道不关心他们的现状吗？当然不是，我只是更加关心我的手机而已。聚会期间，我有一次产生了幻听，听到手机在响，为此我赶紧拿出手机查看。事实证明，手机上没有任何未接来电。当时，我还没有意识到是我的精神和思想出现了问题，而是以为手机坏了，居然在没有来电的时候也铃声大作。然而，在询问其他几个人之后，我才愿意相信我的手机并没有响，响的只是我的耳朵而已。

一场聚会下来，我没有感受到和同学们久别重逢的喜悦，也没有觉得同窗情意多么珍贵，甚至我对于当天宴会具体吃了什么菜也毫无印象。这一切，都是因为可恶的手机让我心神涣散，让我惴惴不安，也让我的时间变成了烟花飞絮。三个小时的聚会时光过去，我居然对于时光的流淌无感，对于聚会也没有留下多么深刻的印象，这就是因为我太过心神涣散，把聚会的时间分散了。虽然我看起来人就坐在这里，但是我的心却在手机和同学之间游走不定。哪怕没有电话或者信息，我也会时不时地看看朋友圈，浏览下随机跳出来的新闻。总而言之，我被手机绑架了，也因手机而失去了有意识的时间。

作为一名职场人士，不管置身于怎样的场合，你是否和我有一样的感触？每天早晨，你都告诫自己要把整个上午都用于专心致志地工作，但是当你无意识地拿起手机打开淘宝、京东或者苏宁易购的时候，总会有些让你怦然心动的东西映入你的眼帘，让你忍不住成为剁手党，一边买买买，一边下定决心要剁手。很多女性朋友都觉得，幸好有了网络，所以才让购物变得这么容易，只要动动手点点鼠标，或者只需要打开手机，就可以买遍天下无敌手。和以往购物必须去商场相比，如今的购物方式简直太便利了。但是，任何事情都有两面性，高效便捷的网络服务给我们的生活带来便利的同时，也使得我们的注意力被分散，时间被拆分，既无法做到专注，也没有大段的时间可以用来做重要的事情。

在你才工作了半个小时就情不自禁打开网页的那一刻，注定你整个上午都将会不太平，更无法集中精神和意志力来面对工作；当你才学习了一小会儿就忍不住拿起手机来看的时候，就注定了你无法按照原计划完成既定的工作，而是会遇到各种各样的困难和障碍，其中最大的困难和障碍正是来自你自己。在不知不觉间，我们的时间被霸占和切分，因而变得很琐碎。在这种情况下，我们又忍不住哭天抢地：不是我不愿意努力做到最好，而是因为我真的无能为力，我真的已经尽力了！如果你说这些话的时候，眼睛却始终盯着电视机，那么很遗憾，你接下来的时间会更加琐碎和紧张。

现代社会，生活压力越来越大，生活节奏越来越快，很多人都倍感生活的艰难，也为此而进行更加深入的反思。尤其是在火急火燎的生活状态下，似乎每个人都没有时间去做好自己想做的事情，也没有机会真正证明自己的实力。这不是因为他们迷失了自我，而是因为他们被时间驱赶着向前走，且只能在时间的缝隙中求生存。要想彻底改变这种局面，最根本的办法在于把时间化零为整，这样才能有大段的时间做自己想做的、十分重要的事情。

从本质上而言，一个人是否擅长利用时间，也正表现在这些方面。擅长利用时间的人，总是能够把时间化零为整；不擅长利用时间的人，则常常会在无意之间，把原本很规整的时间弄得很琐碎，只能做些微不足道的小事情，而无法有规划地完成重要的事情。自古以来，就有很多伟人号召人们珍惜时间，遗憾的是，懂得珍惜时间道理的人很多，但是能够真正做到珍惜时间的人却少之又少。

大文豪鲁迅先生说，时间就像海绵里的水，挤一挤总还是有的。

的确如此。但是，在挤完时间之后还有一件重要的事情需要我们去做，那就是把挤出来的时间“储存”起来，统一利用。当然，时间是没有办法真正“储存”的，因为时间始终处于流动的状态，正在不停地流逝。既然如此，积累时间的办法就在于，把已经流逝的时间充分利用，而通过合理规划和安排，把原本节省出来的零碎时间汇聚在一起，这样就可以用来做更重要的事情。

也许有些朋友觉得碎片时间很少，根本不值得费尽心思化零为整加以利用。这么说的朋友，一定没有意识到生活中有多少碎片时间，也可以说对于浪费的零碎时间根本没有察觉。每天清晨，我们排队等着买早饭的时间也许只有几分钟，日积月累却是很长的一段时间；每天上下班的路上，我们在转车和等车的过程中，也要消耗掉很多时间。尤其在非上下班高峰期，每个班次的车之间会多隔几分钟，又因为堵车等突发情况，所以导致中途上车的人要等待更久；中午 12 点，同事们都已经开始吃饭，而你忘记了提前点外卖，为此点外卖之后至少等四十分钟才能送来。在这四十分钟时间里，你是选择眼巴巴地等待，还是选择做一些有意义的事情，来让等待的时间变得更快一些呢？如果你宁愿无所事事，也不愿意充实度过等待外卖的时间，那么你就会很空虚，内心非常迷惘且无助。生活中，碎片时间太多太多，如果我们总是任由碎片时间悄然流逝，日积月累浪费的时间将会不计其数。真正聪明的人总是对碎片时间进行合理利用，从而使碎片时间实现巨大的价值。

写到这里，我才恍然意识到，原来我忘记了这是一本关于早起的书。

没关系，其实珍惜时间和充分利用时间的道理都是一样的。要想让早起变得更有意义，我们就要充分利用早起的每一分钟，即使是短暂的碎片时间也不要放过，你可以试试利用一分钟的时间背诵一个单词哦！当你真的坚持这么做时，相信假以时日，你的英语水平一定会大幅度提升。一寸光阴一寸金，寸金难买寸光阴。任何时候，金钱都买不来时间，既然珍惜时间就是珍惜生命，我们还有什么理由对于生命的流逝视若无睹呢？

3. 让准时成为习惯

国人向来缺乏时间观念，觉得哪怕迟到几分钟也不会造成重要的影响，因而是无关紧要的。实际上，准时是一种习惯，也是一种素养，更是国际上推崇的人际交往原则之一。如果一个人总是习惯于拖延，不管做什么事情都要在时间的底线上继续拖延，那么渐渐地他就会变成孤家寡人，因为根本没有人愿意和他相处，或者与他进行其他的合作、交易等。每个人要想得到他人的尊重和认可，首先要给予他人最基本的尊重，那就是遵守和他人的时间约定，也遵守和自己的时间约定。

这是一个唯物主义的世界，很多事情并非我们凭着主观意志决定的，但是有些事情则是我们通过努力可以做到的。对于主观可以掌控的事情，如果出现失误，则往往出于主观原因，会给人留下非常糟糕和恶劣的印象。举个简单的例子，准时就是我们通过努力可以做到的。如果担心堵车，就要早一些出门；如果担心不能按时起床，可以多设几个闹钟，或者叮嘱家人喊醒我们。很少有理由能够让我们理所当然地不遵守时间，既然如此，为了避免给他人留下恶劣的印象，就应该想尽办法排除万难，才能把准时坚持到底。和准时相比，如果突然生病导致计划改变，这属于人力不可控的因素范围，为此更加容易得到他人的理解和体谅。如果走在路上不小心与车辆发生剐蹭，因为别人的因素是我们无法控制的，所以也可以被宽容。但是对于守时这个问题，细心的朋友们会发现，很难找出一个正当且充分的理由为自己开脱，在这种情况下，我们除了要准时、守时之外，别无选择。

也许有些朋友会感到纳闷：4 点钟起床，对谁准时呢？谁说 4 点钟起床就不能有社交了呢？大家之所以觉得 4 点钟很早，找不到人社交，是因为还没有真正加入晨型人的队伍。一旦真正成为晨型人中的一员，我们就会发现其实现实生活中晨型人还是挺多的，而且很愿意在早起之后结伴出去进行运动，或者组织一些活动。为了让早起促进人际关系的发展，助力我们拥有好人缘，我们一定要养成准时的好习惯，从而给人留下好印象，使交往更加顺利。

退一步而言，就算不和其他人相处，我们在早起之后，还是要与自己相处的。相比在与他人约会的过程中准时，和自己准时显得更加重要。这是因为和别人相处，我们会顾及别人的想法和看法，也会非常在乎来自别人的评价，而和自己相处，没有他人在场，我们更容易因为一时懈怠而导致做事情拖延，或者推翻此前的时间计划，为了给自己更宽松的时间范围而制订新的计划。这样的事情只要发生一次，就会对我们的自控力产生致命的打击。所谓自控力，就像每个人心中的一个堤坝，一旦自控力决堤，人们在做很多事情的时候都会迷失自我，也会一泻千里。为此，原则就是底线，是轻易不能撼动的；计划就是约束力，我们必须坚持计划才能更好地约束自己。

对于每个人来说，对自己准时，就是根据计划的安排，在应该入睡的时候入睡，在应该起床的时候起床，在应该做某件事情的时候就去做。举个简单的例子，一个人想要成为晨型人，第一天还能凭着新鲜起床，第二天觉得有些困倦也还是勉强起床了，第三天一看外面在下雨，想到自己不用出门去跑步，因而放纵自己多睡一个小时，等到5点钟再起床。结果，这一天，他5点钟并没有起床，而是等到7点钟才起床，此后的每一天，他很难坚持准时在4点钟起床。这是因为这一次的不准时，让他心中对于自己的约束和管理能力下降，也让他对自己越来越放纵。明智的人很少会因为那些牵强附会的理由打破遵守时间的铁律，突破自己心中的底线。任何时候，我们都必须确定自己要做什么、不做什么，既然遵守自己与他人的约定，也要遵守自己与自己的约定。

早起虽然让我们在早晨拥有了更多的时间，不再匆忙，但是这样的从容不迫是建立在守时基础上的。如果总是不遵守时间，总是无限地拖延，任由时间悄然而逝，那么哪怕起得再早，我们也无法获得自己想要的从容。

习惯了早起之后，絮儿想把时间安排得更密集一些，毕竟早晨的时光很宝贵，好不容易才养成早起的习惯，让自己拥有了更多清晨静谧的时光，怎么舍得浪费呢？为此，絮儿把原计划的二十分钟洗漱时间缩短到十五分钟，把做早饭的半个小时缩短到二十分钟，把读书的时间从半个小时扩展到四十五分钟，还把写作的一个小时扩展到一个半小时，这就意味着她还要把做瑜伽的时间、运动的时间也相应缩短。

第一天，絮儿感到很不习惯。4点钟起床，以往，她的节奏很慢，可以悠闲自得。现在，她才在马桶上看了一小会儿手机，再一看时间，发现只剩下五分钟洗漱。怎么办？在那一瞬间，絮儿想到了很多种解决方案：计划不合理，推翻重新制订？上厕所太慢，以后早晨不上厕所？是不是有些便秘啊，是否要根据闺蜜的建议吃些酵素呢？很短的时间里，各种想法在絮儿的脑子里翻飞，絮儿恨不得马上就去改计划。然而冷静下来一想：如果我总是这样妥协，什么时候才能让早起的效率更高，让早起更有意义呢？思来想去，絮儿决定离开马桶，以最快的速度刷牙洗漱，并且告诫自己以后蹲马桶的时候不能拿手机。的确，远离手机，是提高各种做事效率的好方法之一。

做完这一切，絮儿马上开始读书，四十五分钟的读书时间里，絮儿一眼都没有看手机，而是始终在进行全脑阅读。这样的阅读让絮儿觉得酣畅淋漓，她居然在四十五分钟的时间里看了六十页书，在这样的效率支持下，一年得看多少本书啊！随后，休息五分钟，开始进行半个小时的瑜伽和运动。因为运动的时间比平日短了些，絮儿就加强了运动的强度。幸好有前面的运动作为基础，絮儿只是微微感到有些累，此时距离4点钟起床，已经过去了95分钟，絮儿觉得自己收获还是很多的。在做瑜伽之前，絮儿把稀饭定时做好，把蒸锅盖打开开始蒸煮。5点30分左右，絮儿投入了一个半小时的写作之中。清晨万籁俱寂，这一个半小时的创作效率，比絮儿在白天努力码字一个下午收获还多。

工作结束，絮儿伸了个懒腰，7点整，粥、馒头和小菜都已经摆在桌子上，絮儿用20分钟的时间，一边听英语，一边享受着悠闲的早餐。7点20分，絮儿准时出门，搭乘早班车，换乘地铁，7点50分到达单位。这个时候，距离上班还有半个小时的时间。接下来，絮儿开始做工作前的重要准备工作。她把一天要做的事情都列举出来，进行排序，这项工作很简单，只需要花费十分钟。等到同事们陆陆续续赶到公司打卡的时候，絮儿已经全力以赴工作了半个多小时。在人声嘈杂的时刻，絮儿选择喝杯咖啡，休息十分钟到二十分钟。接下来，从9点钟开始投入工作，直到中午11点半，她已经把一天之中大部分工作都完成了。可想而知，有着如此高效率的絮儿，在下午的工作中非常轻松。不过，她没有因此懈怠，而是和上午一样严格遵守时间，决不让自己超时一分一秒。

絮儿早晨的时间利用得充分吗？看到这个问题，相信大家都会不约而同地点头称是。一个半小时的写作，四十五分钟的阅读，还有悠闲安适的早餐，以及到达单位之后将近一个小时的努力工作。如果你也是早晨4点钟起床，那么不妨问问自己：我早起的效率如何？如果你发现自己连絮儿一半的事情都没有做到，那么就要当机立断反省自己，看看自己到底在哪个环节出了问题，使得早晨的时间悄然流逝，没有相应的收获。如果你认为自己虽然对于早起时间的利用没有絮儿这么强，但是也不是很差，那么可以根据絮儿的时间安排来调整计划，或者学习絮儿准时的好习惯，减少拖延和磨蹭。

早晨的时间非常宝贵，尤其在大多数人还没有起床的这段时间里，你却保持着清醒的头脑，为此可以摒弃一切干扰，让自己全身心投入地保持良好状态。一旦早起，本着对自己负责的态度，珍惜每一分钟的时间，严格按照计划表的安排去做相应的事情。只是养成早起的习惯，距离度过充实且有意义的早晨之间，还有大大的距离。人的本能总是趋利避害，喜欢做符合本性的事情，而不愿意辛苦付出，越是在被惰性干扰的情况下，越要说服自己坚持，这样才能经过量变的积累之后发生质变，也才能获得自己梦寐以求的结果。让准时成为习惯，不但是对他人表示尊重的行为，也是对自己负责任的态度。人人都想成为自己生命的主宰，如果连时间都不能掌控和驾驭，又如何真正地活出独属于自己的充实与精彩呢？！

4. 打好余量，时间反而省下来

前文说要把时间安排得更加密集，从容充分度过每一分每一秒，这里我们说的是在制订时间计划时要注意的另外一个方面，那就是打好时间的余量，在不同的事项安排中富余出时间来，这样反而可以起到节省时间的作用。这是为什么呢？难道不是一件事情紧接着另外一件事情地去做，才能实现时间的最大效用吗？当然不是。

虽然我们可以从主观上把控时间，但是在做一些事情的时候，因为过程中会有突发的紧急情况需要处理，所以未必每次都能按照原计划的时间完成任务。此外，从心理学的角度而言，没有人愿意一直被时间追赶着向前走，人不管做什么事情都需要把握节奏，在完成一件事情的时候打好余量，也留出休息的时间，能够让我们真正做到张弛有度，劳逸结合，为此看似浪费了一些时间，实际上时间的利用率更高，我们也因为很轻松而呈现出更好的工作状态，能够有的放矢地提高工作效率。因此，从整体上看，打好余量，对于提高效率有很大的好处。

有些人过度自信，总觉得一切都能够按照自己的计划来，殊不知，俗话说计划不如变化快，在这个世界上没有任何事情是绝对静止、毫无变数的。世界充满了无限的可能性，有的时候，一个不相干的因素发生了小小的变化，就会使得情势急转直下，或者发生突然的改变。我们要清楚自信与自负的区别，要知道自负是盲目自信，而真正自信的人既会想到好的结果，也会想到坏的结果，从而做最坏的打算，朝着最好的方向去努力。打好余量，不但可以给我们留下回旋的余地和空间，也可以给我们机会在事情突然发生变化之后努力弥补，改变糟糕的局面。

很多擅长制订计划的人都知道，当我们能够在计划内按时完成某项任务，一定会感到很骄傲自豪，也会如释重负，觉得自己真正做到了。反之，如果我们在计划的每个时间板块都产生拖延，使得休息的时间被占用，我们非但无法圆满完成上一个任务，也会因为时间仓促而不得不慌乱地开始下一个任务。如果没有从容的结束，也没有好的开始，就不会有好的发展和结果。清晨的时间固然短暂且宝贵，并不是真的要做到争分夺秒才能实现清晨的价值，而是要打好余量，进行合理的安排和计划，这样才能让自己保持愉悦的心情，这对于提高单位时间内的效率是有很大帮助的。

举个简单的例子，一个孩子想用清晨的二十分钟背诵一篇课文，紧接着就是用四十分钟的时间完成足量的数学作业。因为把背诵课文的时间限定太短，孩子在二十分钟即将过去的时候，还没有把课文背诵下来。为此，他的心情很焦虑，内心紧张而压抑，想要推翻计划又做不到，想要占用数学的做题时间，又发现数学同样时间紧迫，一旦遇到难题需要思考占用额外的时间，时间就会捉襟见肘。思来想去，孩子把最后的两分钟也用完了，依然无法把课文背诵下来。这样的心情影响了孩子的发挥，后续做数学题的时候，孩子也心浮气躁，错误率很高，遇到平日里经常做的一道题目，他因为担心自己无法按时完成数学题，一紧张就头脑一片空白，最终数学也超时了。

这个孩子到底哪里出问题了呢？他很努力地想要在限定时间内完成规定的作业，但是却事与愿违，最终不但没有完成作业，反而使得自己的心情变得很糟糕，甚至还会影响一整天的学习状态。这就是太过急躁惹的祸。早晨的时间非常宝贵，值得我们珍惜，但是我们要成为时间的主人，而不要成为时间的奴隶，更不要被时间追赶着向前走。被时间追赶的滋味很不好受，非但无法有效地提高做事情的效率，反而会导致效率大大降低。如果孩子在制订计划的时候考虑出余量，则整个人都会从容很多。例如，可以把背诵课文的时间安排在三十分钟，这样一来，不仅新学习的课文背诵下来了，还可以把此前学过的课文通读，从而加深记忆。在休息五分钟之后，再用半个小时完成适量的数学习题。在练习过程中，要想起到事半功倍的作用，就要坚持深入思考，学会举一反三。留出余量，让孩子对于每道题都能够进行深入思考，也可以在遇到典型的题目时，进行多个角度的思考和尝试不同的解题方法。把一道题目做会弄懂，远远比在同样的时间里匆匆忙忙多做一道题目而且错误率很高效果更好。

古人云，欲速则不达，说的就是这个道理。越是在时间紧迫的情况下，越是不能忙中出错，而是要保证每一道题目都做对，这样反而是珍惜时间的表现。否则浪费了时间做错了题目，再花费时间去订正，则会让时间更紧迫，也会导致效率大大降低。和孩子一样，成人在相同的情境中，也要经过理性思考做出正确的选择，这样才能保证质量第一，速度第二，从而实现效率综合第一。否则，如果本末倒置，只注重速度而忽视了质量，那么就会导致效率严重下降。

看到这里，相信明智的朋友们都会想明白一点，即越是在紧张忙碌的情况下，越要保证不出错，哪怕速度慢一些，整体的效率也会很高。既然如此，在早晨的时间里，不管做什么事情都要打好余量，保持内心的平静愉悦，这样才能在冷静和理性的状态下把很多任务完成，也把很多工作都做好。

5.“单位时间效率”才是“拉长”时间的关键

在这个世界上，每个人的人生都是一场归途未知的旅程，没有人知道自己的生命将会在哪里戛然而止。为此，有人说人生就是向死而生，遗憾的是，大多数人都不知道生命与死亡将会在人生的哪个节点不期而遇。尽管我们不知道生命的归程将会延续到何时何处，换言之，我们无法把握生命的长度，但是，不要因此而悲观绝望，因为我们至少可以把握一件事情，那就是拉长生命的组成材料　　时间。

时间还能被拉长？可以把一天变成两天，把一年变成两年吗？当然不能。我们不能从绝对意义上拉长时间，而是可以从相对意义上拉长时间，如让单位时间变得效率更高，就是拉长时间的关键。

什么是单位时间？具体而言，就是你用来计量时间的单位。现实生活中有一个奇怪的现象，那就是当弱小的新生命降临人世之后，父母把新生命视为最宝贵的礼物，为此他们平日里计算自己的年龄是按年，而在计算新生命的年龄时，却在很长一段时间里都坚持按月。甚至对还没有满月的孩子，他们还会按照天来计算。他们会说没满月的孩子已经十二天了，会说三岁以下的孩子一岁八个月了，或者是两岁三个月了。这就是单位时间。因为对于时间的珍惜程度不同，人们计算时间习惯于使用的单位也就不同。日常生活中，大多数人按照天来算日子，而那些珍惜时间的人会选择用小时来计算时间，那些特别珍惜时间、真正把时间看得比金钱宝贵的人，则会用分秒来计算时间。有个擅长利用时间的大咖，每天二十四小时都戴着一块秒表，把时间精确到以秒来计算。由此可以看出这位大咖对于时间珍惜到极致，所以才会以这样的方式提醒自己时间正在一分一秒地悄然流逝，一去不返。这样一来，他怎么可能不主动珍惜时间，并且充分利用时间呢？

清晨 4 点钟，琪琪准时从睡梦中醒来，她清醒了一分钟，在床上舒展着身体，然后一骨碌爬起来，在十分钟的时间里洗漱，让自己进入最好的状态。这一刻，她的思维异常敏捷，脑子异常清醒。4 点 10 分，一场硬仗准时开场。今天，琪琪要对自己发起挑战。平常的日子里，4 点 10 分到 4 点 55，三刻钟的时间里，琪琪只能读二十页书。这一次，琪琪想要调动所有的感觉参与，让自己进行全脑阅读，看看到底能阅读多少页书。琪琪的眼睛盯着书本，视线略微呈现出散射的状态。这样一来，她就可以提升阅读速度，减少视线跳动之后停顿的时间，也就是说，扩大阅读范围，让眼睛看到更多的内容。阅读的速度越快，她的脑子越是呈现出排空的状态，对于眼睛接收的信息，她反应的速度因为没有干扰而变得越来越快。四十五分钟过去，琪琪已经阅读了二十三页书。虽然看起来进步不是很大，但这是琪琪第一次对自己进行挑战，只要有进步，她就感到非常满意。

休息五分钟后，5点钟，琪琪开始进行书法练习。从小，妈妈就把琪琪送去学习书法，琪琪从一开始喜欢书法，到后来练习进入瓶颈期，有些排斥书法练习，再到现在把书法作为兴趣爱好去坚持，其实不管是书法的水平还是对练习书法的心态，都已经进入了稳定时期。每天早晨，琪琪都会进行半个小时的书法练习，否则就觉得心中空落落的，像是少干了什么事情。因为有了昨天的练习成果作为比较的对象，今天琪琪练习的时候非常用心，非常专注，果然写得很好。半个小时结束，琪琪发现和昨天写得一样多，不过字的水平明显提升，为此很高兴，也受到鼓舞，决定明天还要坚持这样的突破和挑战。接下来的英语时间，琪琪先听了十五分钟的英语磁带，然后大声诵读英语。平日里，她十五分钟读课文六遍。今天，她十五分钟读课文八遍。琪琪兴奋不已，觉得自己这个早晨没有白白早起，而是收获满满。

时间是这个世界上对每个人都非常公平的东西，它给每个人的都是一天二十四小时，每小时六十分钟，每分钟六十秒。时间的绝对值不会改变，但是我们可以改变时间的相对值，花费同样的时间做更多的事情，提高单位时间效率，这样一来，时间才能实现最大效用，也才能创造最大的价值。

早起的人都是很有毅力的人，他们会坚持每天闹钟一响就起床，等到形成生物钟之后，他们还能在不定闹钟的情况下，到点就醒来。因而，闹钟对于他们成为一种起床的保障，他们更多时候是被身体唤醒。然而，要想度过充实的早晨，早起只是第一步，更重要的是，我们还要坚持在早起之后，度过一个效率很高的早晨。否则，如果早起两个小时，因为磨蹭和效率低下而浪费半个小时的时间，那么就相当于早起了一个半小时。而且早晨的糟糕状态，还会影响我们一整天的心情。不管从哪个角度而言，我们都要学会提高单位时间效率，这样才能拉长时间，把一辈子活出两辈子的精彩！这是一个伟大的目标，要从此时此刻每一次早起开始做起，你，准备好了吗？

6. 集中突破，成绩是一个一个拿下的

随着时代的发展、社会的进步，一切都进入快的状态：读书学习要快，恋爱学习要快，争名逐利要快，发家致富要快，做学问要快，评职称要快……殊不知，当一切都变得快如闪电，我们根本没有时间停下来回顾和反思，也无暇讲究所谓的方式方法和策略。一味地追求快，让我们迷失了自己，忘却了初心，只顾着追求生命中的身外之物，而对于自己到底想要怎样的人生却渐渐地感到迷惘。

人生，绝不是一个“快”字就能解决所有问题的，更多的时候，人生就像是小火煲汤，在咕嘟咕嘟保持微微沸腾的状态中，食材的香味释放出来，人生的真谛也得以领悟。对于早晨珍贵的时光，我们当然要快，但是却不能过于急躁，更不要急功近利。否则就会导致事与愿违，因为火急火燎而欲速则不达。真正的快就是慢，真正的慢就是快，快和慢其实只在于人们的一念之间，取决于人们的心态。正因为如此，人们才说，心若改变，世界也随之改变，就是这个道理。

在生命的历程中，每个人想要的东西都很多。有的人想要名利，有的人想要金钱，有的人想要成绩，有的人想要认可和赞赏……不管想得到什么，都要始终牢记一个道理：罗马不是一天建成的，胖子不是一口吃成的。哪怕心里再着急，饭也总要一口一口地吃，问题也总要一个一个地解决，不能为了快就忘记了目标，也不能追求快而不顾结果。只有保质保量的快，才是效率的代名词；如果只图快而忽略了质量，这样的快就是慢，只能导致效率更低下。尤其对于坚持早起的年轻人而言，能够有这么大的决心和毅力始终早起，心中必然有着远大的目标，甚至对于人生也会有更多想要得到的东西。然而，仅仅早起一天两天或者一个月两个月，无法让我们获得显著的进步。至少要坚持一年两年，甚至十年八年，每天都高效率利用早起的时间，才能实现一个又一个目标，让自己的人生变得更加充实，更加精彩，更富有意义。

才进入职场半年，小辉就有了一个痛彻心扉的领悟：大学四年，我真不该玩过去，现在可倒好，书到用时方恨少，哪怕我当年能多考几个证书也行啊！然而，时光一去不复返，只是这样懊悔和沮丧是解决不了实际问题的。小辉决定利用工作之余的时间努力学习，参加培训，既要拿到几个资格证，也要真正提升自己的能力，让自己具有在工作上独当一面的水平。

在半个月的时间里，小辉坚持每天晚上看书学习，为此把同学同事的聚会邀请都推掉了。然而，半个月下来，他觉得学习的效果，可以用微乎其微来形容。一则是因为公司晚上偶尔会加班，二则是因为经过一天的辛苦工作，到了晚上小辉感到很疲惫，只想尽早休息，或者看些综艺节目，放松紧绷的神经。

原本，小辉一直坚持着晨起锻炼一个小时的好习惯，这个时候他脑中灵光一闪，决定把起床时间再提前一些，在凌晨4点钟起床。这样一来，晚上早一点儿入睡，就能保证充足的睡眠。想到自己即将在万籁俱寂的时刻里起床学习，小辉居然感到很兴奋，也恍若觉得自己重新回到了大学时代。次日清晨，闹铃还没响，小辉就主动起床。4点钟到6点钟，整整两个小时的时间里，小辉都在专心致志地读书。6点钟到了，他应该去楼下跑步半个小时，但是却如饥似渴捧着书本不愿意放下。直到6点半，他才匆匆忙忙吃早饭，洗漱，7点钟准时出门去公司。出门的时间没有改变，和往常一样，所以小辉觉得自己的生活节奏没什么改变。到了公司，他照常安排一天的工作，并且着手做最重要的项目。然而，小辉的心中不再像之前那么平静，反而迫不及待想要把书柜里的书都读完。他觉得学习迫在眉睫，也深刻意识到自己必须马上进步，才能在工作中有更好的表现。整整一天，他都在这样隐隐焦虑的状态中度过。当天晚上，小辉居然失眠了。次日非但没有按时起床，还顶着熊猫眼去上班，浑浑噩噩，状态非常糟糕。

小辉痛定思痛，意识到自己不能还没有努力呢，就被困难打倒了。当天晚上回到家里，小辉针对自己计划读的书目进行了详细规划，保证自己每天都能如同愚公移山一般有所进展，推动读书计划不断向前。到了周末，小辉还会带着书本去上课，在一天的课程中，利用午间休息的时间读书。在计划之下，小辉终于缓解了紧张的学习情绪，也意识到自己必须循序渐进，才能一步一步地实现计划。否则把目标定得过于远大，给予自己太大的压力和急迫感，只会导致一切都进展很缓慢。

这个世界上，从未有人能够一蹴而就获得成功，也没有人能够在一夜之间就打造出一个全新的自己。每个人要想获得新生，就要当机立断，要有从容的心态，允许改变循序渐进地发生。否则，总是火急火燎想要获得成功，总是不愿意等待，在意识到问题的存在后恨不得像做外科手术那样把病灶切除，非但不能快速高效解决问题，反而会导致更多问题集中爆发。

我曾在电视剧中看到一个非常优秀的狙击手，即使情况再危急，他也不着急，而是冷静地瞄准，一枪一枪地干掉敌人。要想成为狙击手，首要的条件就是沉得住气，也能把控自己的情绪和节奏。否则，还没来得及向敌人射击呢，就因为慌里慌张被敌人发现射中了，这当然是最让人感到遗憾的结局。

在早起的时光里，我们固然要集中力量有最高效的表现，却不要贪婪。只有脚踏实地，对于目标各个击破，最终我们才会有更多的收获和更大的成就。珍惜早起的时光，不是在清晨的静谧中忙到手足无措，而是要从容，不浪费分分秒秒，理性地规划和合理地安排时间，让时间发挥最大的效用。

7. 上班：每天只计划4～5个小时的工作

同样作为一名老板，小丁和大丁对于公司的管理策略截然不同。大丁为人憨厚老实，对待下属如同兄弟姐妹，为此深得下属爱戴。小丁虽然只比哥哥大丁小几岁，但是在管理方面却有了更先进的思想和理念。有一次开会时，小丁毫不掩饰地对下属们说："各位，虽然你们每天在公司八九个小时的时间，但是我敢说，你们之中真正在工作上投入六个小时的人并不多。大家不用紧张，其实我对你们的要求没有那么高，我只要求你们每天上班的时间里，有五个小时全力以赴用于工作，其他的三四个小时，你们可以放松节奏，侃侃大山聊聊天。我知道，如果一个人全力以赴投入工作，只需要五个小时就能做完绝大部分重要的工作。接下来，请各位认真想一想，你们每天之中有多长时间是全身心投入工作的？你们可以不告诉我答案，但是必须告诉自己答案。"

听完小丁的话，大家都陷入沉思。的确，不管是优秀的员工，还是表现平平的员工，他们还真的从来没有把一整天的时间都投入工作中。这么想来，小丁的话很有道理：原来当个优秀的员工并没有那么难，只需要投入工作四五个小时啊。

对于小丁这样的领导，你喜欢吗？我很喜欢。和那些想尽办法压榨员工剩余价值的老板相比，小丁这样的老板显得更有人性。他知道员工都是人，而不是神仙，所以不可能始终都把心思用在工作上，为此对于员工提出合情合理的要求。对于大多数管理者而言，如果都能和小丁一样想得开，宽容豁达，洞察人性，则一定会把公司管理得更好，也会赢得员工的真心和全力。

每个人都是有血有肉的，会感到精力充沛，也会感到筋疲力尽。人不是机器，所以不可能24小时连轴转，哪怕在八小时工作的时间里，精力上也会出现波峰波谷。正是因为如此，才要在精力最为饱满充沛的时候做重要的事情，才能保证完成一天中所有的工作。如今，很多公司都实行弹性工作时间，即员工可以根据自身的需要，选择性地决定何时开始工作，何时结束，只要保证上班的时间是八个小时即可。还有些公司规定在完成工作后，员工可以提前下班。这样的人性化管理，对于早起的人是一个很大的福利。

早起的人可以在家里完成一部分工作，也可以提前到达公司开始工作，从而下午提早下班。只要根据工作的轻重缓急对工作进行合理安排和排序，优先完成那些重要、紧急的工作，接下来的时间就可以自由安排，或者做一些事情，发展自己的兴趣爱好，参加学习和培训。这些都是很不错的选择。看到这里，一定会有朋友感到奇怪：不是八小时工作制吗？为何只需要设定 4 ~ 5 个小时的工作就可以了呢？有这种疑问的朋友一定不知道，看似是八小时工作制，实际上能够全身心投入工作 4 ~ 5 个小时，就会产生极高的效率。此时此刻，我们不妨静下心来想一想：整个上午 9 点到 12 点，我们有多长时间在认真工作？我们常常赶在 9 点之前急急忙忙到达公司，然后打开电脑，在等待电脑启动的时间里，泡茶，去趟洗手间，或者和同事闲谈几句，不知不觉间，时间就到了 9 点半。然后，我们准备办公需要的文件，去其他部门询问相关数据，就这样，已经 10 点钟了。接下来，我们三心二意工作一个多小时，11 点半，前台文秘开始给每个人订饭，询问每个人中午想吃什么。这就像是释放了一个强烈的讯号，即马上就要到午饭时间了。这样一来，人人都心神涣散，根本不可能继续专注地工作。由此可见，整个上午，我们投入工作的时间大概也就一个小时。

12 点到下午 1 点或者 2 点，是吃饭和午休的时间。在这个时间里，因为吃饱了饭，血液都集中到胃部负责消化工作，大脑则因为供血不足而显得非常疲惫，运转缓慢。最糟糕的是，我们到了中午还很困。虽然下午的工作从一、两点钟就开始，但是要想真正实现高效工作，只能在下午 3 点到 5 点。过了下午 5 点，写字楼里的各个公司陆续下班，虽然我们的公司规定下午 6 点下班，但是我们还是蠢蠢欲动，和相邻的同事商量着下班之后去哪里玩，或者通过微信和恋人、同学、朋友确定约会的时间和地点。就这样，一整天过去，我们到底有多长时间是真正不遗余力在工作呢？往少了说，也许就两个小时；往多了说，也许就三四个小时。正是在这样的磨洋工状态下，每个人每天都要在工位上消耗大量的时间，唯一的成效就是让自己感到筋疲力尽，由此一天又一天地陷入恶性循环状态。

要想彻底摆脱这种状态，要想让工作恢复高效，也给自己挤出更多的时间去休息娱乐或者发展兴趣爱好，提升生活品质，我们就必须向工作八小时要速度、要质量。也有些上班族因为拖延和低效率，直到下班也不能完成既定的工作，只好采取加班的方式弥补。殊不知，这么做不是在欺骗老板，而是在欺骗自己，也是在消耗自己宝贵的生命时光。

早起，让我们对于一天所需要完成的任务有了更加明确的规划，可以对各种任务进行合理排序，接下来，还可以笨鸟先飞，在万籁俱寂的时刻里完成很多重要的工作。与其被工作追赶着往前走，不如先行一步，抢先完成重要的工作，这样看起来虽然我们只是把整体的工作计划提前了一个小时完成，但是带给我们的感觉却是截然不同的。这不仅仅是提前开始和结束工作，而是一种心理上的优势，会让我们拥有更充足的信心，觉得对于一切事情都更有把握，这种成竹在胸的感觉难道不好吗？我相信，只要你曾经有机会亲自感受，你一定会爱上这种感觉。

为何要制订 4 ~ 5 个小时的工作计划，除了需要提高工作效率之外，还有一个方面的考虑，即贪多嚼不烂。人，做任何事情都不可能一蹴而就，与其因为烦琐沉重的事务压得自己喘不过气来，不如调整好心态，集中精力顺次达成目标。这样循序渐进，一步一个脚印前行，会帮助我们更加顺利推进计划，也让我们脚踏实地地走向远方。俗话说，好钢用在刀刃上，我们也要把早起的每一分钟都用在刀刃上，这样才能实现早起的目的，创造早起的最大价值，也推动生命的历程不断地向前发展，最终到达理想的彼岸。

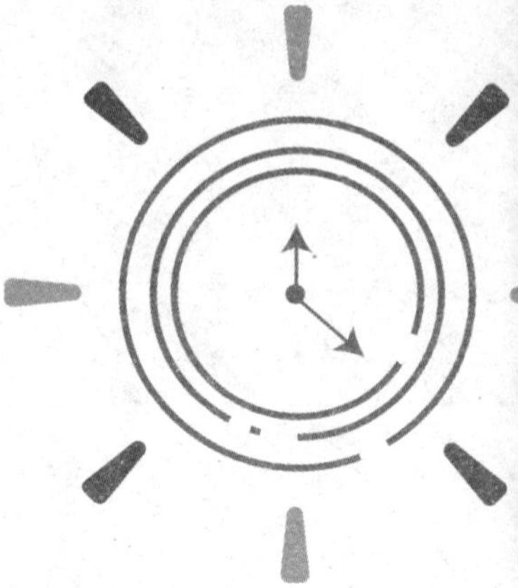

8、享受早起瞬间灵感的侵袭

如果你总是习惯于在上午八九点钟才起床，那么你起床之后听到的只是车水马龙的声音，而无法捕捉到叽叽啾啾的鸟鸣声，也无法看到整个大地都被清晨的第一缕阳光沐浴的情形。如果你总是很晚才起床，那么你每天都会伴随着城市的喧嚣入睡，也会在城市的喧嚣中醒来，根本没有机会倾听自己的内心，也没有办法保持真正的安静，与自己、与世界、与大自然对白，可想而知，你的灵感必然消耗殆尽。

在凌晨 4 点起床，感受最寂寞无边的黑暗之后，亲眼看着阳光是如何刺破黑暗，给全世界带来光明的，这是一种非常奇妙的感受。你完全独享这个过程，你的身边没有其他清醒的人，你忍不住猜测在同一栋楼里，在这个城市里，除了你还有谁也伴随着黎明的到来而用心地读书，与作者穿越时空进行灵魂的交流与碰撞。当习惯了这种寂静无声，当爱上了这种众人皆睡我独醒的状态，你会爱上早起，也会坚持早起。

尤其是对于从事创作工作的人来说，当处于创作状态时，最怕被外界的人声鼎沸打扰。那么选择在清晨工作，就是非常明智的。清晨，整个大地都在沉睡中，即使作为不夜城的大都市，在清晨也会非常静谧。在这种情况下，你的灵感会突然呈现，犹如泉涌。和其他时间里每当灵感来敲门，总是不能随心所欲地记录灵感不同，这个时候，你随时随地都可以拿起笔记录灵感，让灵感通过沙沙作响的笔跃然纸上。

除了在早起的时候有灵感，当夜幕降临、百鸟归巢的时候，也会有灵感。这是因为不管是凌晨还是深夜，当外界恢复平静，我们的感觉器官不再为了与外界交流而忙碌，就可以更加倾向于自己的内心，感受生命的缓缓流淌，感受或者清浅或者浓烈的感情停滞。这样的灵感来自和自己的对白，来自自身灵魂的悸动，来自对生命的深刻感悟和眷恋。

无声，你才能听到花开和雪落的声音；无视，你才能打开心眼看到不同的人和事；无知，你才能怀着包容的心态接纳一切；无畏，你才能战胜心中的恐惧向着生命的尽头前行……遗憾的是，现实生活中，太多的人都被各种各样的欲望、感受、情绪等充满了心灵，他们从来没有意识到自己已经得到了太多，而总是在喋喋不休地抱怨自己失去的太多，恨不得拥有全世界。然而，我们真的需要把自己变得如同一个寂静空旷的早晨一样，才能恢复原本的感知能力，让自己的人生呈现出更好的状态。

作为一名作家，小猫最喜欢的写作时间是从凌晨 2 点开始，到早晨 6 点结束。虽然只有短短四个小时的时间，但是小猫的工作量可不算少。在这个最为寂静的时间里，她得到了其他时间所没有的强烈灵感。她甚至感觉到灵感就像她心底里的一眼趵突泉，始终都在以活跃的状态往外涌。为此，小猫觉得自己输入的速度都跟不上灵感的速度了，太着急的情况下，她就使用语音录入。虽然语言录入的精确度没有用键盘输入文字效果好，但是至少可以把灵感记录下来，也便于她后期进行修改。

小猫当然知道灵感是可遇而不可求的。在没有好运气得到灵感的时候，她会安静地坐在黑暗的阳台里，看着路上偶尔驶过的车辆，幻想着驾驶车辆的是怎样的一个夜归人，抑或对方只是起得比小猫更早而已。有的时候，看着附近的楼上也亮起了一盏灯，小猫的想象力就会被激发，想象着那户人家为何要半夜起床，是要赶飞机去遥远的大洋彼岸吗？还是要去火车站接远道而来的老人？或者是半夜接到了什么电话？当然，夫妻之间不和谐，因而导致争吵和矛盾，也都是有可能的。小猫的想象力天马行空，她从来不约束自己，就这样任由思绪飘飞，就像是在给大脑做保健操一样。想着想着，她的思绪就会回到正在创作的作品上。在她的心中，作品里的人物栩栩如生，全都鲜活起来，具有了生命力，推动着她继续讲述属于他们的故事。难怪曾经有一位伟大的作家在创作一部悲情的小说到最后的时候，忍不住痛哭流涕，喊道："他死了，他死了！"在旁人看来，这样的悲痛简直无厘头，旁人甚至会不明所以反问这位作家："他死了，正是你安排的啊，你为什么还要哭呢？"是啊，不懂创作的人以为是作者安排好了一切，却不知道当一部作品初具雏形，里面的每一个人物就具有了自己的生命力，而不会完全任由作家的意志力安排他们的命运。

古人云，下笔如有神，这就是灵感来袭的好状态。否则，如果没有灵感，哪怕绞尽脑汁也写不出精彩的文章，更写不出让人一见难忘的金句。可以说，灵感就是创造者的创造力，就是作品的生命力。森林里，熊出没，请注意。清晨，灵感出没频繁，你还不赶紧来和灵感相会吗？灵感正在等你来，你可不要失约哦！

Chapter 5

关于 4 点起床的误区

对于 4 点起床，很多人都有这样的误区：有些人觉得 4 点起床很困倦；有些人觉得 4 点起床根本不可能实现；有些人觉得长期缺乏睡眠对于身体健康会造成损害；也有些人觉得 4 点起床就是个噱头，没有几个人能够实现……不得不说，这些误区在一定程度上阻碍了我们成为晨型人，接下来，就让我们对于这些误区各个击破，从而放下一切思想上的顾虑和包袱，义无反顾加入晨型人的队伍。

1. 时间越多人们越挥霍

4 点起床？疯了吧，不是 9 点钟才上班吗，这多出来的五个小时，除去洗漱吃饭和交通的时间，还有三个多小时，干什么？这可是相当于多出来一个上午啊，别人一天有两个半天，其中一个上午、一个下午。我们呢？4 点起床，困得睁不开眼睛，一天有三个半天，其中两个上午、一个下午。想想就很可怕，就算公司是我的，我也不用这么拼吧？况且，工作永远也做不完，我怎么可能天天都这么拼命呢？当然，要是起床之后做一些我感兴趣的事情，让我能够在上班之前度过悠闲惬意的三个小时，则是很不错的选择。做些什么好呢？

做瑜伽？玩游戏？看电视剧？……想想就觉得很别扭，在夜深人静的时刻，在别人都睡觉的时候，我却一边打着哈欠一边打开电视机开始追肥皂剧，这太让人难以理解了吧。的确，早起的时间那么宝贵，早起的目的就是充分且高效地利用时间，怎么能用来做这些并不那么急迫的事情呢？正确的做法是，在适当的时间里做适当的事情，这样才能让时间得到充分的利用，也才能保证发挥时间的最大效用。

你想玩游戏，为何不在中午休息的时候玩呢？中午休息的时候，大多数人都很困倦，头脑昏昏沉沉，这个时候工作显然不是最好的选择。为此在中午时分，如果不想午睡，不妨用打游戏的方式活跃思维。你想看电视剧，为何不在下班之后，吃完晚饭、洗漱完毕之后看呢？这个时候，你可以悠闲惬意地享受电视剧时光，而且无可厚非。朋友们也许会问：生活真的有这么美好吗？我明明隔三岔五就要加班，中午即使困得眼睛睁不开，也有很多工作需要做啊！的确，生活就是这么美好，只是没有安排好时间的你从来没有亲身体验和感受而已。

哪怕你已经做到了早起，如果不能提前把很多事情做好，也必然会导致早起的效率降低，也会使得早起对于时间的利用上没有太大的改变。很多人误以为早起会加剧拖延症，觉得越是有充足的时间，磨蹭和拖延的行为就越严重。其实不然。很多人之所以拖延，并非因为时间多得用不完。细心的朋友们会发现，真正的拖延症患者，不管时间很紧迫还是很充裕，他们都会拖延。这是因为拖延有很多复杂的原因，有人拖延是因为已经拖延成性，有人拖延是因为害怕和恐惧，有人拖延是因为不想承担责任，有人拖延是因为有所依赖。在拖延症患者中，很少有人是因为时间充裕而拖延。反之，一个真正雷厉风行的人，哪怕有充足的时间，也会抓紧时间展开行动，因为他们习惯于把事情做在前面，而不是等到事到临头再去着急，再去做。为此，早起不会导致我们挥霍时间，而是会让我们进入更加积极主动的状态，看着朝阳升起，整个人心中都会感到充满希望，精神振奋。

自从早起之后，丘比发现一直困扰他的拖延症状有了大大的好转。对于这个神奇的改变，丘比自己也不知道其中的原因，毕竟他从小就喜欢拖延，而且很多次被家人、朋友、同学、老师判定为重度拖延症患者。一开始，丘比想要对得起自己辛苦早起，所以不愿意浪费早起的时光。后来，丘比渐渐意识到把很多事情做在前面，会产生一种非常满足且自信的感觉，让他腰杆挺直了，说话有底气了，这和他以往总是胆小畏缩的状态截然不同。渐渐地，丘比爱上了这种感觉，他总是在早起的时候提前完成重要的工作，并且通过运动让自己保持活力满满。等到正式开始一天的工作，当其他同事都在紧张忙碌的时候，丘比却一副胜券在握的样子，因为他知道自己可以轻轻松松就结束一天的工作。中午，他或者休息，或者做些喜欢的事情，比如去干洗头发，做个头部按摩。下午，他还会来份下午茶。等到下班时，有些同事留下来加班，少数已经完成工作的同事准时下班，丘比就是其中之一。在不知不觉之间，丘比就改掉了拖延的坏习惯，而且在工作上效率更高，表现更好。

早起，为何还能帮助我们戒掉拖延症呢？具体而言，首先，坚持早起本身需要强大的毅力。在习惯于早起的过程中，我们的意志力得以增强，自信心也得以提升，为此对于很多有难度的事情，从一开始的畏惧和退缩状态，会变得更加积极面对。其次，当一个人每天睡到日上三竿才起床，无法看到清晨朝气蓬勃的景象，为此内心会变得颓废，因为他一睁开眼睛，就要从太阳正当午走向太阳西下。而早起的人则不同，4 点钟起床，让我们能够在经历黎明前的黑暗之后，亲自迎来初升的朝阳，也亲眼见证整个大地从沉睡中渐渐醒来的过程，这让我们感受到大自然的神奇和万物生发的生命力量，自身当然也会变得有力量。最后，早起，做一些有意义的事情，让我们从此前落后挨打的状态进入如今笨鸟先飞、处处领先的状态，会让我们感受到从未有过的自信、满足和惊喜，这样一来，我们怎么会不坚持良好的状态，继续获得美好的感觉呢？早起不但是一种习惯，也是一种自我管理和约束，更是对于自我的坚持和激励。早起的人与众不同、出类拔萃，也具有不一样的精气神！

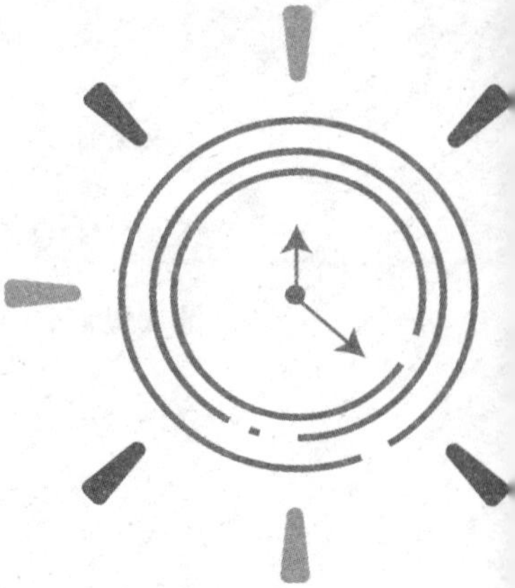

2.时间多用来休息很浪费

看过前文中很多关于早起的安排，我们会发现一个规律，那就是早起的人因为利用早晨的时间做了很多重要且紧急的工作，所以白天的时间是相对悠闲的，可以用来做那些不需要全神贯注的工作，还可以适度地安排休息和娱乐。很多朋友都会问，这样岂不是浪费了白天的时间吗？其实不然。在这里，我们必须明白一个道理，即我们早起工作，不是为了绝对增加工作的时间，比如把一天之中原本计划的十个小时工作时间，利用早起的契机使其延长到十三甚至十四个小时。早起虽然也有增加工作时间的作用，但是更重要的价值体现在，早起可以让我们拥有一段可以独享、完全不被打扰、能够全身心投入状态的时间，用来做那些非常重要、对于专注度要求非常高的工作。

既然工作是做不完的，我们不可能把一天 24 个小时都用来工作，而是要坚持循序渐进的原则，每天都完成一定量的工作，前提是不要影响休息，也不要影响保证生活质量的娱乐休闲。很多早起的人都有一个惊人的发现，那就是在早晨4点钟起床到7点钟的三个小时里，完成的工作量相当于白天的六个小时。从这个意义上来说，早起不但是提高工作效率的好方式，还能帮助我们节省出更多的时间做喜欢的事情、陪伴家人、休息和娱乐。当你能够坚持在早起之后专心致志工作三个小时，那么再加上上午工作三个小时，这就相当于白天里至少六个小时的工作量。这样一来，你完全可以享受悠闲安适的中午时光。如果公司允许，你还可以在下午结束收尾工作后，就打卡下班，回到家里陪伴孩子，或者顺道去书店买几本喜欢看的书，或者去路过的公园里散步。这些都是很不错的选择。

不要觉得在早起投入工作之后节省出来的时间里休息，就是对于时间的浪费。人活着的意义到底在哪里？绝不是一味地工作，每天都如同旋转的陀螺一般停不下来，硬生生地把自己活成一个工作狂。工作不是生活的全部目的和意义所在，而只是提升生活品质的方式和途径之一。所以每一个现代人都不要把工作和生活本末倒置，而是要始终牢记初心，也通过高效率地工作让自己能够主宰和驾驭生活。这才是生活最理想的状态。

在办公室里，思思总是过得最悠闲的那一个。中午，她从来不吃外卖，而是去干净的小馆子点菜，或者去西餐厅、寿司店里吃。吃完饭，不到下午2点钟她是不会回到办公室的，有的时候，还会在3点钟才回来。中午反正不用打卡，只要保证下班之前能完成工作，领导通常不会有意见。思思干吗去了呢？原来，她在公司附近的一家美容院办了一张年卡，每天中午都可以去做头部SPA，也可以去做面部皮肤护理。

如果有一天思思回办公室比较晚，那么很有可能她还做了背部精油按摩。当然，思思偶尔也会邀请上司周姐和她一起享受。同事们看到思思和周姐常常出双入对，不由得在背后说起闲话："就靠着拍领导马屁，居然混得这么好，真是个花瓶！"

其实，大家只看到了思思长得漂亮，而且靠着会做事赢得女上司的喜欢，实际上她还是个不折不扣的女强人。当大家踩着9点钟匆匆奔到工位前打开电脑打卡的时候，早晨4点就起床的思思赶在8点之前，就已经把一天中最重要的工作发送到周姐的邮箱里了。大家不知道，当他们吃完午饭瞪着困倦的眼睛勉强打起精神如同周公梦游般继续工作的时候，思思已经利用上午的时间完成了全天的工作。下午，不管是2点还是3点回到办公室，思思会处理一些突发的紧急工作，也会帮助周姐忙一些工作。周姐告诉思思："等到有朝一日我高升了，这个职位就是你的，你权当现在是在练习吧。"思思当然愿意，反正都要等到下午6点才能下班，就算不帮周姐处理一些工作，思思也要找事情做。退一步而言，就算将来不能晋升到周姐的职位，多做些工作也是给自己增加经验、长本事呢！就这样，思思既得到了充分的休息，又把工作安排得井井有条，深得周姐器重。

玩转职场，难道靠的只是拼命三郎的精神和老黄牛般的实干吗？靠的还是会工作，会生活，会休息，会和领导相处。思思在早起处理好大部分工作之后，不但以高效率得到了周姐的认可和赏识，还在保证午休之后，用多余的时间为周姐排忧解难，可谓是周姐的贴心小棉袄。面对这样的思思，周姐怎么可能不喜欢、不提拔、不重用呢？

请你心安理得地在早起高效工作之后，享受自己白日里悠闲的工作安排吧。当然，如果你除了休息之外，还有更加重要的事情去做，那么还可以自主安排，规划时间。例如，去参加一个培训班提升自己工作的技能，通过学习考取一个日后有可能用得着的证书。所谓技多不压身，此时更多地学习和付出，也是为了日后能够工作得从容，生活得优雅。这是一种储蓄和投资，而不是挥霍和浪费。

选择提升和充实自己也好，休息和娱乐生活也罢，都要在早起高效率完成重要工作的前提下。不管选择哪一种生活方式度过多出来的时间，我们都会非常从容，而且也很主动。毕竟这是我们自己的选择，而不是别人强加给我们的选择，这样的主动和积极的状态，会使我们感觉良好，内心也很充实和淡然。

现代生活中，有太多人都在抱怨时间不够用，觉得自己不管怎么努力，都无法跑在时间前面。所谓一步落后步步落后，说的就是这个道理。那么，你有决心抓住早起的时间，改变自己落后就要挨打的局面，让自己变得积极主动，也能先人一步吗？只要坚持去做，你一定会爱上这种优先的感觉。

3. 所谓时间上的“灰色地带”

近些年来，“灰色收入”这种说法渐渐流行，也成为网络上的热词之一。那么，何谓灰色收入呢？灰色收入的说法，来源于白色收入和黑色收入。白色收入就是正当收入，黑色收入就是通过不正当途径获得的收入，而灰色收入就是介于黑色收入与白色收入之间的收入，比如全职工作者利用休息时间写稿件发表赚取的稿费，通过研究发明专利转让获得的转让费等，都属于灰色收入的范围。灰色收入的涵盖很广泛，一切非工资收入之外的收入，都可以称为灰色收入。

如果说收入的界定带有一定的谈兴，为此有很多来源的收入都被称为灰色收入，那么是情有可原的。但是对于时间，也能用灰色来形容吗？在这个世界上，时间是唯一对所有人都很公平的，它从不因为任何人而停驻，也不因为任何人而加快速度，就这样嘀嘀嗒嗒保持着向前的姿态，努力地前行。在时光的流淌中，一切都不可挽回地老去。然而，时光却从来不会老，就这样永恒地存在着，甚至连一丝一毫的间隙都不给我们。

那么，时间的灰色地带在哪里呢？对于每个人的生命而言，这样的灰色地带又有怎样的作用和意义呢？套用灰色收入的定义，我们暂且粗浅地理解时间的灰色地带，指的就是介于工作时间和私人时间之间的时间。处于灰色地带的时间亦正亦邪，既可以说是工作时间，也可以说是私人时间。居然能够拥有游走于工作与家庭之间的时间，这简直太神奇了。尤其对于那些需要按点回家的人来说，就像是找到了一个时间的大峡谷，恨不得马上就能进入峡谷中找到别有洞天的世界。

然而，现代社会的生活忙忙碌碌，节奏非常快，很多人别说拥有时间峡谷，就是把所有的时间都用于工作，也不一定能完成繁重的工作任务。而一旦回到家里，既要做家务，准备饮食，又要陪伴家人，呵护孩子，等到终于让一家老小都安安稳稳地入睡，已经到了深夜，自己也累得浑身如同散架一般。这种情况下，简直没有在时间里喘息的机会，更不可能有独属于自己的时间灰色地带可供奢侈地享用。

鲁迅先生曾经说过，时间就像海绵里的水，挤一挤总还是有的。我们要从哪里挤时间，才能创造出时间的灰色地带呢？没错，你看到的就是“创造”。时间的灰色地带在工作与家庭的无缝对接中原本不存在，要我们想方设法，才能将其创造出来。你要习惯于早起，早起对于你而言，不仅仅拥有了早晨安静的时光，而且可以让你有更多的时间，形成时间灰色地带。

正如上一篇中的思思一样，因为早起，她在工作中也有私人的时间可以支配和消耗。这样的时间不属于家庭，虽然隶属于工作时间，却不会受到工作的干扰，为此是思思真正独自拥有的时间。这样一来，思思就拥有了时间的秘密花园，她常常在工作之余躲入这个花园里，洞察时间的秘密，也更加贴近自己的心灵，走入自己的灵魂深入。在这样的私密时间里，不管是看书、跳舞，还是享受，都是很不错的选择。

在这个世界上，有各种各样的花园，如皇宫里的御花园，有钱人家的私家花园，或者鲜花遍地、绚烂多彩，或者荒草丛生、人迹罕至。但是，这些花园都没有你独为自己开辟和创造的花园更加有意思。躲入时间的花园里，你会觉得自己仿佛进入了人生善意的黑洞，哪怕你已经人到中年，却依然在这里浪漫如同少年。在时间的灰色地带，没有人会来打扰你，也没有人知道你在哪里，你可以完全放飞自我，就这样在定格的时间里晒晒太阳发发呆，也是很不错的选择。朋友们，看到这里，你们是不是迫不及待想要拥有时间的花园，马上开辟出属于自己的时间灰色地带呢？

别着急，只是做到早起还远远不够，你还要能够充分利用早起的时间，提高完成各种事情的效率，才能让早起事半功倍，也才能因为早起而挤出更多的时间供自己支配。当拥有时间的花园，你不再惧怕工作，每天走出家门的时候充斥你心灵的也不再是忧愁和苦闷。相反，你会非常向往工作，而且还秘密谋划着在今天的花园里栽种哪一朵心灵之花。时间的秘密花园，不但是你私逃现实生活的最好去处，也是你与自己的约会，让你感到喜悦和兴奋的所在。

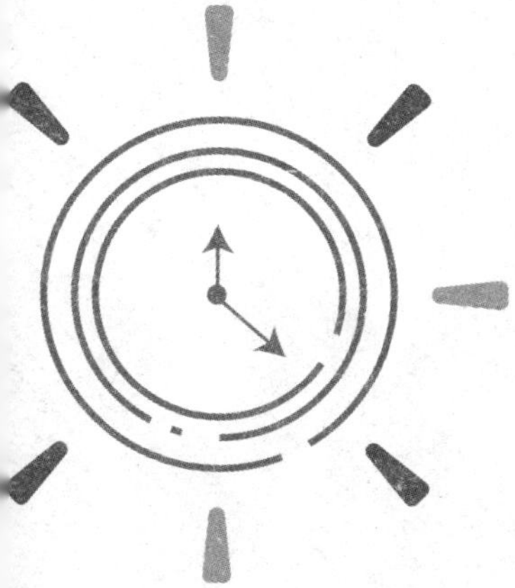

4.4点起床，真的会睡眠不足吗

一旦提到4点起床，很多人的第一反应就是真困啊，一定会导致睡眠不足。实际上，4点起床只是在睁开眼睛的一瞬间感到困倦而已，当你决定要起床，也睁大眼睛驱赶睡意，你会发现完全清醒过来的自己神采奕奕，比一天之中任何时候的状态都要好。这是为什么呢？因为在经过至少六个小时的睡眠之后，你的身体和精神都已经得到了充分的休息。

也有的朋友会说，长期缺乏睡眠，对于身体是严重的伤害，会导致各种疾病的发生。朋友们，什么叫缺乏睡眠呢？你所需要的睡眠并不像你自己认为的那么多。科学家一直以来所说的每个人都需要八个小时的睡眠，只是对于我们的误导而言。每个人需要的睡眠时间是不同的，有的人只需要睡三四个小时就能精神抖擞，神采奕奕，而有的人真的需要睡足十个小时才能避免哈欠连天。然而，睡得特别少和睡得特别多，都是极少数人，对于大多数普通人而言，一天之中只需要睡6～8个小时，就可以了。这告诉我们，即使只睡6个小时，也是足够的睡眠。当我们从内心里接受睡眠的时间，就不会在4点起床的时候感到特别困倦。尤其在习惯了4点钟起床之后，我们甚至不需要闹铃，就可以自然醒来。

这么多年来，作为这家公司的总裁，马克先生都是4点钟起床。起床之后，他会首先喝一杯香浓的咖啡，让自己整个人都变得神采奕奕。紧接着是洗漱，做好工作的准备。4点半，马克先生准时开始工作，直到6点钟。在此期间，他会对于整个公司的大事件进行梳理，也会为下属们安排当天的工作任务，还会制定自己一日的行程和安排。很多下属都习惯了马克大概5点半发来的工作安排。他们之中，有的人还在睡梦中，有的人则和马克一样早起。看到邮件，如果认为哪些地方不可行或者有问题，他们还会当即给马克回复邮件。渐渐地，马克记住了那几个同样习惯于早起的下属，并且对他们另眼相看。

7点钟，马克在吃过早饭之后准时到达办公室。这个时候，整栋大楼还是黑乎乎的，只有保洁已经开始打扫卫生。马克又工作了一个小时，同事们才陆续来到公司打卡，开始工作。等到整个公司都按部就班开始运转的时候，马克已经结束了一天之中大部分的工作。上午，他会给下属们开会、会见客户，中午时分，马克按照秘书安排好的饭局，和客户一起吃饭，下午则陪着客户打高尔夫，顺便谈谈工作。傍晚，马克回到家里，健身、吃饭、看会儿书，陪伴家人，与家人交谈，然后在晚上10点钟洗漱，大概11点入睡。五个小时之后，他起床迎接新的一天到来。虽然每天只睡五个小时，但是马克丝毫不觉得疲惫，反而神采奕奕，仿佛充满了无穷的精力。

作为一家公司的老总，马克当然有条件睡懒觉，但是他没有这么做，而是以强大的自控力始终坚持早起。俗话说，早起的鸟儿有虫吃，马克的早起也带动了少部分下属坚持早起，从而使得整个公司高层管理者都呈现出一派生机勃勃的精神面貌。

现实生活中，常常有人在一个夜晚睡眠不好之后，决定次日要多睡一会儿，从而补补觉。实际上，补觉这种说法是不科学的，因为缺了的觉根本不可能通过后来多睡觉就补充回来。身体具有自动调节的功能，比如在一次缺觉之后，再次睡觉的时候就会分泌出更多的褪黑素，从而让睡眠质量更高。这样一来，身体得到充分的休息，也就得到了补觉的作用和效果。否则，如果因为一次睡眠不好就盲目补觉，扰乱原本已经有规律的作息，只会导致睡眠效果更加糟糕。和六个小时的高质量睡眠相比，哪怕睡了十个小时，却始终噩梦不断，浑浑噩噩，也无法产生休息的作用和效果。由此可见，睡眠和说话一样在于少而精，而不在于多而杂。

早起的朋友们无须担心 4 点起床会困倦或者睡眠不足，你要相信自己的身体做出的反应是正确的，而不要盲目迷信所谓专家学者的话。在坚持早起一段时间，身体没有任何不适，反而整个人都变得更加精神，且不管做什么事情都有更高效率的情况下，我们又何必纠结于从理论的角度来说身体需要多长的睡眠时间呢？一切的理论都源自实践，也要再回到实践中。古人云，尽信书不如无书，说的就是这个道理。所以我们要以身体的反应情况作为最佳的反馈，而不要盲目认为自己必须睡够多长的时间才算是睡眠充足。这就像吃饭一样，虽然营养学家说我们每天需要吃定量的食物，但是如果我们只吃了一半就觉得饱了，不愿意再吃更多，那么就没有必要强迫自己，硬往自己的嘴巴里塞入食物，机械咀嚼后下咽。饱还是没饱，由我们的肚子说了算；睡够还是没睡够，由我们的身体和精神说了算。

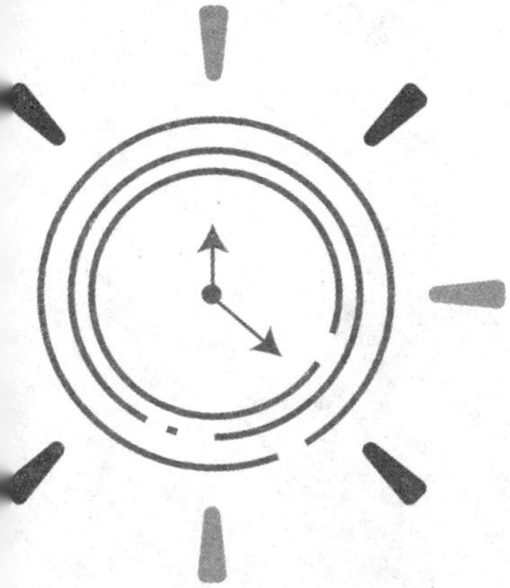

5. 早起必须多定几个闹钟吗

很多正常时间起床的人，一旦遇到需要早起的情况，就会如临大敌，恨不得在自己的床边放置十个以上的闹钟，似乎唯有如此才能保证自己按时起床，不至于因为错过了闹钟而延误重要的事情。对于这种万无一失的做法，以前我非常推崇，但是当习惯于早起、总是被生物钟准时唤醒之后，我就改变态度，不再推崇，而是反对：和自然醒相比，被闹钟喊醒难道更好吗？很多现代人的一个小小梦想就是睡到自然醒，而大多数人则觉得这根本不可能实现，是因为大多数人对于自然醒的概念理解错误。大家误以为所谓自然醒就是睡到上午九、十点钟，被太阳照射在身上，觉得暖洋洋的。其实不然。这样的自然醒对于绝大多数上班族而言都是一个遥不可及的梦，因为除了三班倒的工作之外，没有哪份工作允许我们下午才到岗上班的。

不知道你是否想过，除了日上三竿的自然醒，还有一种形式的自然醒，那就是早起不需要闹钟，而是靠着生物钟把自己喊醒，这就是自然醒的最佳状态。和很多人都依赖闹钟的起床方式不同，晨型人虽然起得早，但根本不会借助闹钟喊醒自己。闹钟是一种非常可怕的钟，它会强制性地打断人们的睡眠，使人从梦中惊醒之后感到非常难受，眼睛睁不开，内心很慌张，甚至因为一个美梦被惊扰而心跳加速、血压升高，又因为还想沉溺在梦中，而不知不觉再次闭上眼睛让自己半梦半醒，在模糊意识的状态下继续梦境。等到这一段非常勉强的睡眠结束后，你一定会感到头疼欲裂，也会当即下定决心以后再也不这么睡觉，一旦睁开眼睛就马上起床。当然，这需要你依靠毅力才能做到。

现代职场上，很多年轻人都是“夜猫子”，晚上不愿意睡，早晨不愿意起，为了按时起床不得不准备好几个闹钟采取轮流攻势。在这样的恶性循环之中，他们的健康状态越来越差，而闹钟的效果也越来越弱。为了避免自己在无意识状态下按掉闹钟，他们还会买音量更大的闹钟放到远离自己的地方，逼迫自己如果不起床，就要一直忍受无休止的闹钟。不得不说，这不是在结束睡眠，而是在以千奇百怪的方式与自己进行一场意志力的战斗和博弈。

如何才能做到自然醒呢？如果你此前自然醒的时间在上午 10 点，而你头一天晚上入睡的时间在凌晨 3 点，则意味着你需要七个小时的睡眠。那么，如果你把自然醒的时间提前到凌晨 4 点，你就需要在晚上 9 点上床睡觉。听到 9 点这两个字，相信很多人都会惊讶得瞪大眼睛：9 点，夜生活还没有开始呢！距离我此前最早晚上 12 点睡觉的纪录，还提前了三个小时。开什么玩笑，如果没有夜生活，白天我为何要努力工作呢？活着还有什么意思呢？

活着从来不是为了享受夜生活，也不是让你晨昏颠倒，内心绝望，而是为了让你更高质量地生存，感受到生命的美好，内心充满希望。早睡早起，这一点在孩子身上得到了充分验证。甜甜是个很乖巧的女孩，三岁。在上幼儿园之前，甜甜每天都睡得很晚，因为爸爸下班回家已经是晚上 10 点，所以甜甜总要等着爸爸再玩一会儿。次日早晨，甜甜总是睡到 10 点多，太阳老高了才起床。然而，自从上了幼儿园，面对 8 点之前到校的规定，妈妈可犯愁了。第一天喊甜甜起床，甜甜就很排斥和抗拒，原本还挺愿意去幼儿园和小朋友们一起玩的她，为了能继续睡觉，甚至叫嚣着不要去幼儿园了。好不容易把甜甜喊醒，在 9 点钟到达幼儿园，老师委婉提醒妈妈："甜甜妈妈，要让孩子养成早睡早起的好习惯哦！因为我们每天早晨都有户外活动，如果来得太晚，甜甜就没法参加，而且还会错过早晨 9 点的加餐。"妈妈当然知道老师的意思，赶紧道歉："对不起老师，明天一定准时到，不影响您的教学秩序。"

当天晚上，才 8 点钟，妈妈就给甜甜洗漱好，让甜甜上床睡觉。妈妈把家里所有的灯都关掉，窗帘拉得严严实实，自己也躺在甜甜身边假装睡觉。果然，才十五分钟过去，甜甜就酣然入睡。晚上 10 点钟，爸爸蹑手蹑脚回到家里，避免发出声音惊扰甜甜。次日，才 7 点钟，妈妈还没来得及喊甜甜，甜甜就醒来了。她很清醒，一看就是睡饱了的样子，声音清脆地喊道："妈妈，我要起床啦！"时间还充裕，甜甜洗漱完毕，还吃了一碗粥，才去学校。

对于一个困倦的幼儿，要想喊他起床当然会非常困难，因为孩子的眼睛困得根本睁不开，自制力又相对比较弱，无法靠意志力督促自己起床。同样地，成人也是如此。人不可能不吃饭不睡觉，因为吃饭睡觉都是人最基本的生理活动，是不能避免的。只有满足了生理需求，人们才有信心满足更高层次的需求，追求更高质量的生活。要想在早起的时候自然醒，不妨和甜甜一样晚上早点儿睡觉，保证自己拥有充足的睡眠，这样就算没有闹铃的呼唤，你也可以自然而然地醒来。这样的自然醒让你的身心都有一个舒展的过程，如果你在醒来之前处于非快速眼动睡眠状态，身体还会自动调节，让你切换到快速眼动睡眠模式，从而为醒来做准备。与身体的智能截然不同，不管你是处于非快速眼动睡眠状态，还是处于快速眼动睡眠状态，闹钟都会不管不顾地响起来，在你的头脑里引发一场地震。这会把你的潜意识完全打乱，使其变成一团乱麻。有的时候，你虽然已经醒了，但是你的脑子还在沉睡呢，所以你整个人并没有完全清醒，反而会觉得非常疲惫和困倦。在闹钟的直接作用下，哪怕此前你已经睡了八个小时，还是觉得没睡够，在去公司的公交车上，你一闭眼就能睡着，不知不觉中还有可能坐过站。不得不说，这会导致你整个早晨甚至整整一天都混乱而无序。

从现在开始，不要再靠闹钟叫醒自己了！与其依赖闹钟，不如从现在开始晚上早早入睡，清晨自然醒来更好。一日之计在于晨，只有把早晨过得好，一天才会过得愉快。否则，早晨因为时间紧迫而慌里慌张，各种事情也被弄得乱七八糟，则一天就失去了一个好的开始，也会变得非常忙碌慌乱。

如今，在钢筋水泥铸就的城市森林里，越来越多的人处于亚健康状态，却不知道在闹钟声中起床，扰乱身体自然的规律和节奏，就是压垮他们的最后一根稻草。如果有朝一日回到乡间去生活，在鸟儿的啾啾鸣叫中起床，那该多美好啊！当然，这很难做到，因为我们的工作和生活都在城市，想要放下并没有那么容易。既然如此，为何不在自己的心中养一只小鸟呢？这只小鸟每天清晨都会以甜美的歌声呼唤我们起床，让我们感应到时间的流逝，这样一来，我们当然可以全身心地醒来，也会觉得神清气爽，整个人都焕发出不一样的神采！

Chapter 6

充电，

胜在额外 8 小时

记得有位业界大咖说过，人与人之间的差距之所以拉开，并不是在工作时间里，而是在工作时间之外。其实，类似的话早有耳闻，经常有父母说孩子要向课堂 45 分钟要质量，更要向课外的时间要提升。由此看来，不管是学习还是工作，除了做好分内事之外，还要学会给自己吃小灶，坚持加餐，勤于充电，这样才会有更加强劲的发展动力，拥有更加美好的发展前景。

1. 有针对性地提升自己的业务短板

书到用时方恨少，很多大学生一旦走出大学校园，就会非常懊悔在学校期间没有努力认真地学习，而是在不知不觉中荒废了宝贵的时间。等到走出大学校园，走入社会，走上工作岗位时，他们才幡然悔悟，意识到自己所掌握的知识还很少，往往无法达到工作岗位对于人才的要求。为此，曾经有人提出，是否应该把大学四年的课程重新规划，比如前两年学习，第三年实习，等到第四年再回到校园里学习，相信莘莘学子一定会更加积极主动地学习，也会爆发出更加强大的学习动力。否则，等到四年大学毕业，即使意识到应该努力学习，也失去了学习的机会，不可能重新回炉，去继续学习和深造。其实，这样的理解有些片面了。

现代社会，提倡终身学习，每个人不可能只凭着在学校里学习的知识，就走遍天下。尤其在这个信息时代，知识更新换代的速度非常快。几十年前，大学生毕业证的含金量很高，凭着在学校里学习的知识，可以纵横职场几十年。然而如今，大学生才怀揣着毕业证走出大学校园，所学的那些知识就已经落伍了。退一步而言，即使有机会回到学校重新学习，所学的知识也无法支撑人长久的发展和进步。为此，走出大学校园并不意味着学习的终止和结束，而意味着学习的开始。

新时代的人才在发现大学的知识落伍之前，甚至在走出大学之前，就应该意识到自己踏上了一条崭新的学习道路。在这条道路上，学习不再是专门进行的活动，而是要贯穿于工作和生活之中，与工作、生活维持平衡的关系，这样才能更加长久进行下去，也才能获得长足的进步和发展。

很多职场人士都会有这样的感触：在嘈杂的生活中，似乎很难找出一段安静的时间来认真钻研专业知识，弥补业务短板，为此就这样浑浑噩噩地当一天和尚撞一天钟，很快就会迎来被彻底淘汰的日子。为了避免这样的糟糕情况发生，也为了更快速地提升自己，作为职场人士，一定要主动积极地寻找可以学习的时间，这样才能增强自身的能力，提高自身的水平，让自己更好地应对未来的成长和发展。

早起的时光，正是每一天里时间的净土。凌晨 4 点起床，窗外还是黑乎乎的一片，很多人正在睡眠中睡得香甜。这个时候万籁俱寂，就连一根针掉在地上都能听见。如果能够抽出两个小时来学习，钻研专业书籍，则日积月累的专业知识一定会让我们成为业务标杆，也成为高精尖的专业人才。想想上学的时候，每门学科每天也不过就设置一两节课程，由此可见，如果我们每天早晨都能坚持用两个小时的静谧时光专心致志地读书学习，那么假以时日，一定会有巨大的进步。

正如文章开篇所说的意思，在大学里，我们还不知道自己将来要从事哪个行业的工作，为此学习只是根据课程设置的，就像盲人摸象，具有很大的局限性。而一旦参加工作，情况则变得不同。在具体的工作岗位上，我们当然知道自己擅长什么，不擅长什么，哪里是长项，哪里是弱项。这样一来，我们就可以有的放矢地提升和完善自身的能力，事半功倍地增强自身的业务水平，当然可以让自己获得长足的进步和发展，也让自己变得更加强大，真正做到在专业领域内独当一面，成为人才。

早起看书，还要为自己制订计划和目标，这样才能长期坚持下去，也才能在计划的指引下获得更高的效率。很多人不管做什么事情总是东一榔头西一棒子，丝毫没有计划，导致效率低下。只有明确的目标才能给人以强大的动力，支撑人们始终奋发向上，勇往直前，在前进的道路上排除万难。当然，利用早起的时间强化业务知识，还要结合工作的实际现状才行，而不要总是脱离实际，否则对于现实工作的指导意义就会很差。当然，这不是说不能看其他书籍进行学习，而是说要把工作作为第一要务去做好，这样才能有卓越的效果。总之，早起的时光非常宝贵，我们要用这段时间来充实自己，提高业务水平，增强业务能力，从而助力自己在工作上有更加出类拔萃的表现。年轻人初入职场，都想在最短的时间内证明自身的能力和水平，然而凡事欲速则不达，如果你距离自己期望的目标还很遥远，那么不妨充分利用早起的时间学习吧！活到老，学到老，要想保证学习的效果，就要抓住早起的时间高效率地学习，充实自己的人生！

2、考证进修，早起的鸟儿镀层金

现代社会，有的人觉得上完大学拿到毕业证没有用，有的人觉得无论如何都要上学，将来才会有出路。不得不说，这是浮躁的社会现状对人心的影响，使得人们对于学习的态度两极分化，走向两个极端。不可否认的是，现实生活中，的确有些大学生毕业后的薪资水平还没有农民工高呢，为此就有些短视的人开始宣扬读书无用论。其实，这些人无形中犯了幸存者偏差的错误，只看到那些高薪的农民工和低薪的大学生，而没有看到更多的农民工靠着出卖劳动力生存，依然挣扎在贫困线上，而有些大学生随着工作经验更加丰富，知识和技能水平也水涨船高，为此成为不折不扣的技术人员、高级白领等，过上了很好的生活。

尽管随着大学教育的普及，大学毕业证的含金量越来越低，但是大学文凭就是敲门砖，只有先敲开门，才有机会展示自己的真实能力和水平。随着职业技能培训的兴起，很多大学生有远见，还没有毕业呢，就先考几个证书握在手中，为自己将来毕业之后求职做好准备。也有的大学生在学校里只顾着玩乐，直到毕业了找工作处处碰壁，或者找到工作之后没有良好的晋升通道，才想起来自己应该有几本证书。且不说证书是否真的有用，有一点我们可以肯定，那就是有证书总比没有强，而且在考取证书的过程中坚持学习也是一种提升。如果你也想为自己镀金，不妨利用早起的时间学习。如今，网络上有各种各样的办学机构，早起的时间比较特殊，没办法参加培训班，那么在网络上学习结合自学，就是很不错的选择。

晓枫和林语是大学同学，也是上下铺的兄弟，他们从大学毕业后结伴面试，居然很巧地进入了同一家公司。从好同学、好哥们儿，再到好同事，他们之间的缘分不可谓不深。在大学期间学习不相上下的他们，进入公司也从相同的起点开始，让人惊讶的是，三年之后，他们的事业发展却有了很大的悬殊。

读大学期间，虽然晓枫和林语一样都很爱玩，但才走上工作岗位，晓枫就意识到严酷的形势。他不止一次对林语说：“读大学的时候，我以为工作了会很惬意，每天上班，就能拿到薪水，说不定做出点儿成就还能升职加薪，成为年轻有为者。现在看来，事情绝没有这么简单，和咱们同批进入公司的毕业生里真是卧虎藏龙，看来要没有两把刷子，想从他们之中脱颖而出简直不可能。”对此，林语不以为然：“他们不就是毕业的学校比咱们的学校有名吗，这不代表他们一定比咱们强，你不要这么紧张，草木皆兵的！”晓枫危机意识很强：“不行，咱们要从现在发愤图强，将来或许能占据优势。”晓枫说干就干，马上调整早起的时间安排，把原本用于运动的一个多小时压缩到半个小时，又把早起的时间从5点提前到4点。就这样，他有了两个小时的时间参加网络培训，学习网校教材。整整三年时间里，晓枫始终在坚持，而林语呢，每天睡到出门前一刻才起床，夜里通宵打游戏。虽然他和晓枫住在同一个屋檐下，但是他们的生活相差很远。

三年之后，晓枫拿到了三个资格证书，自身的学识积累和能力提升也始终在进行，林语却止步不前，整个人因为沉迷游戏、经常熬夜而表现出颓废之气。正在这时，他们所在部门的主管升职了，急需从部门里提升一个人当主管。经过层层选拔和考核之后，晓枫各方面的得分遥遥领先，又因为有三个含金量很高的资格证书，所以顺理成章胜任主管。此后的日子里，晓枫依然努力，在职业发展生涯中平步青云，才三十岁就成为公司的中层管理者。林语则因为优胜劣汰，被公司辞退，不得不四处奔波求职。

俗话说，技多不压身，在这个竞争激烈的时代里，一个人多学习，多考几个证书，总是没错的。否则，等到真正面临危机的时候再去努力学习，远水解不了近渴，根本来不及对现状进行弥补。尤其是作为年轻人，更应该抓紧早起的时间为自己镀金，这样才能让自己由外而内都得到提升和发展。

3. 学一门外语没那么难

高三的暑假，还没去大学报到呢，亚楠就对自己的大学生活做出了一番规划，其中最重要的一个目标就是考取英语八级证书。亚楠知道，自己所报考的并不是英语专业，因而学校只要求考到四级，但是亚楠从小就受到翻译家小姨的影响，很想像小姨一样成为英语方面的专家，借助工作的机会满世界地跑，多么潇洒啊！

然而，进入大学，亚楠看到了一个完全不同于高中的校园，也认识了很多有趣的同学。一天又一天，她始终都在找借口拖延学习，宁愿和舍友们侃大山，也不愿意花费时间学习英语。她早就把高三暑假制订的每天背诵五个英语单词、读一篇英语课文的计划完全抛之脑后。快乐的时光总是过得飞快，转眼之间，亚楠已经大学毕业，因为很多公司都要求英语六级或者八级，她被拒之门外，所以她最终只能选择一个行业里规模不大的公司。亚楠深切意识到光阴易逝，也深深懊悔自己荒废了大学时光，从开始工作的第一天起，她就坚持4点钟起床，用两个小时的时间读英语。她要求自己每天背诵十个英语单词，还要背诵一篇英语课文。一开始，进展很艰难，她不得不把需要背诵的单词和课文带在身上，在工作中休息的时候也拿出来看。后来，亚楠早起的记忆效果越来越好，她总是全身心投入学习，渐渐地，居然可以在两个小时的时间里完成任务。当然，亚楠周末也没有闲着，而是参加了商务英语的培训。几年下来，公司的发展规模越来越大，也与国外的很多客户开始合作。取得各种证书的亚楠正好找到了用武之地，被公司派到美国去学习，后来又专门负责和国外客户的洽谈工作，简直成了公司里的小小外交家。

如果不是痛定思痛，也许亚楠还会和读大学时一样不断地拖延计划，导致一事无成。正是意识到时间的流逝很快，也知道自己的进步迫在眉睫，亚楠才能真正做到珍惜每一分每一秒的时间，也才能高效利用早起的时间把英语学习坚持到底。相信在养成这个好习惯之后，即使亚楠的英语水平得到了很大的提升，她也会继续努力，提升自己的其他方面，让自己获得更加长足的进步和发展。可想而知，亚楠的未来一片光明。

很多人都觉得学习外语很难，为此总是在开始学习之前就畏缩和退却。实际上，学习外语并没有我们想象中那么难，只要持之以恒，在高效率的晨间时光努力用心地学习，就可以获得意想不到的结果。

如果你什么都不去做，你的人生就会连保持现状都变得很艰难。因为人生恰如逆水行舟，不进则退。要想获得长足的进步和发展，我们就必须以更快的速度向前飞驰，哪怕预想到做很多事情会遇到困难，也不要畏缩和退却。失败了没关系，只要努力过，至少能够获得经验，使失败成为进步的阶梯。如果什么都不去做，只知道逃避，虽然避免了失败，但也彻底失去了成功的机会。所以真正的人生强者敢于尝试，也善于尝试，因为他们最想做的事情就是证明自己，征服世界。

要想学习外语，只是划定两个小时的早起时间给学习专用，还是远远不够的。不同的外语具有不同的特点，因而要有的放矢针对语种进行合理安排，这样才能收到事半功倍的效果。我们固然要努力，也要讲究方式方法。努力 + 好的方法，才能让学习更加高效。否则，只是如同老黄牛一样埋头苦干，怎么可能获得巨大的进步和提升呢？只有做好学习的一切准备工作，诸如制订计划、选定方法、明确目标等，我们的早起外语时光才会更加愉快和高效。

4.晨间阅读，更鼓励晨间写作

早起的时光里可做的事情实在太多，诸如阅读、运动、绘画、创作、瑜伽等，都是很不错的选择。只要不发出很大的声音影响家人休息，搅扰邻居，就可以随心所欲地做很多事情。不过，早起的时光非常宝贵，尤其适合从事创作工作，而不要白白浪费在对工作时间要求不高的事情上。例如，有的人早起做仰卧起坐，其实仰卧起坐不管什么时候做都能取得健身的效果，不必非要早起来做。与其把早起的时光用于做仰卧起坐，不如选择在空气好的时候去楼下跑步，这样还能增加肺活量，也能让身体更健康。要把最宝贵的时间用来做最重要的事情，这才是不辜负早起时光的表现。

具体而言，早起的时间更适合从事安静的、需要灵感的创作工作。例如，早起可以阅读、研究专业书籍、写作、绘画、作曲等。这些高级的脑力活动，都是早起之后的不二选择。只要挑选其中你擅长的去做，就会有很大的收获。当然，和阅读相比，写作是更适合早起从事的工作。

阅读对于环境的要求并没有那么高，即使周围偶尔有些嘈杂，只要内心安静，也还是可以阅读的。写作则不同。写作需要人们投入所有的专注力，激发灵感，也赋予笔下各种人物以鲜活的生命。写作需要“入”，也就是“入”到那个文字创造的世界里。只有在周围没有任何干扰的情况下，我们才能顺利地进入那个虚拟的世界，而外界的任何干扰和声响，都会把我们从虚拟的世界里拽出来，使得我们无法顺利地进行写作。如果你在白天里有充足的时间可以阅读，为何不利用早起的宝贵时间来凝神创作呢？当你顺利进入那个虚拟的世界，你会发现没有外界各种因素的干扰和拖拽，你创作的速度加快，灵感接踵而至，你简直是被自己作品中的人物拉着向前跑啊！这样的工作状态下，早起三个小时的创作量，也许比你一天的创作量都高。这就是早起的效率。

作为一名自由撰稿人，芮雪在刚刚辞职的时候生活和工作简直一团糟。原本她以为自己有很好的自制力，每天只需要花费半天的时间就能完成此前全职工作时一天的文字量，结果却发现自己一天下来无所事事。后来，她就把早起的运动计划停掉，而选择在更早的时间——凌晨 3 点起床，一直创作到早晨 8 点。整整五个小时的时间里，芮雪很轻松地就能完成一天的工作量，甚至还会更多。她把原本的运动计划调整到下午。8 点钟吃完早饭略作休息，芮雪会去书店看书，去街上闲逛，然后回家午睡到 2 点，接着起床去健身房。她在健身房里酣畅淋漓运动两个小时，回到家里大概 5 点钟吃饭，之后一直到晚上 9 点，都是和朋友聚会或者一个人看电影的时光。晚上 9 点，芮雪准时上床，酝酿睡意，10 点钟入睡，到凌晨 3 点再起床。虽然她夜晚只睡五个小时，不过加上午休的两个小时，睡眠时间也是足够的。习惯了这样的生活节奏后，芮雪发现自己白天过得很逍遥自在。她很快爱上了这样的生活，再也不在早起的时候运动或者阅读，而总是利用夜深人静的时候创作，这让她感觉好极了。

早起的时间真的非常适合写作，在早晨，荷尔蒙大量分泌，使得人精神抖擞，灵感也涌现出来。最重要的是，周围是那么安静，我们似乎能听到自己的心跳声，这让我们更加贴近自己的心灵，与自己的内心进行交流。作为一个以文字为生的人，相信在你真正领略到早起的神奇魔力之后，就会无法抗拒地爱上早起。从另一个角度来说，早睡早起完全符合我们身体的需要。在夜晚还没有光亮的类猿人时代，我们的祖先就坚持日出而作，日落而息，因而我们的身体之中也留存有这样的远古记忆。身体内的激素分泌之所以在夜间很低，在晨间很高，也是为了让我们在夜晚更好地休息，而在早晨精神抖擞地醒来。

现代社会，偏偏有很多人打着工作的旗号把自己活成了夜猫子，正是因为如此，才有那么多人都处于亚健康状态。从古至今，不管时代怎么发展，农业始终是人们生存的根本，为此，农业的工作节奏也是最符合人类身体需要的。虽然我们现在穿着整洁得体，出入高档的写字楼，却不要忘记做人的根本，那就是要顺应自然规律。不妨把自己当成一个在文字上耕耘的农人吧，这样我们才会像祖先一样早睡早起，拥有健康自然的状态。

5、把锻炼身体的时间挪到早上

如果你始终都在坚持学习，而且也考取了几个有用的证书，最重要的是在工作和学习方面，目前都没有急需解决的问题和弥补的地方，那么你不妨调整早起的计划和安排，把更多的时间用于锻炼身体。伟大的领袖早就告诉我们，身体是革命的本钱，如今网络上也流传一种说法：健康的身体是1，其他一切都是0，如果前面没有1，就算后面有再多的0也毫无意义。这正是告诉我们身体健康的重要性。

年轻的时候身强体壮，很多人即使熬夜、通宵“吃鸡”，都不会感到身体不适，反而沾沾自喜。然而，岁月不饶人，你欠时间的，时间最终都会向你讨要回来。如果年轻的时候不注重锻炼身体，人到老年各种毛病都会找上门来讨债。只可惜，这个时候再想弥补，强身健体，已经晚了。如果你早起有充足的时间，何不把锻炼身体的时间挪到早上呢，这是个很不错的选择。

早晨，万物苏醒，阳气很足。在锻炼的过程中，你不停地呼气吸气，就像把自己体内的浊气呼出去，而把外界的新鲜空气纳入进来一样，会让你的五脏六腑都得到洗涤，变得更加健康。此外，当迎着朝阳升起奔跑，你还会感受到蓬勃的生机与活力。

从身体的角度而言，把锻炼身体的时间挪到早晨，可以在清晨通过各种方式的运动把身体唤醒，让身体充满力量。这样一来，我们在一整天都会有良好的状态，做各种事情都会神采奕奕，效率倍增。有些人喜欢晚上去健身房，因为健身之后可以休息，而担心早晨锻炼会导致自己筋疲力尽。其实，这样的担心是多余的。早起锻炼，只要选择适宜的运动进行，非但不会让我们感到精疲力竭，还会让我们觉得精力充沛。这是因为经过整个晚上的睡眠，我们的身体变得非常倦怠，在这种情况下，如果不及时把身体唤醒，会出现行动迟缓、思维迟钝的现象。而通过适度运动让自己满血复活，岂不是很好吗？

最近，我发现办公室里的小周每天早晨都是第一个到公司的，还显得神采奕奕，就像初升的太阳一样感染身边的人。我就常常喜欢看小周走路、说话的样子，觉得他是真正的行如风、坐如钟、站如松。对于小周的表现，我很纳闷，终于有一天忍不住问：“小周，你才比我年轻几岁，为何看着像是年轻了十几岁呢？我可真羡慕你，每天都这样充满活力。快告诉我，你有什么秘诀吗？”小周神秘兮兮地对我说：“姐，你可能不信，我其实没特别做什么，只是把原本放在晚上的运动安排到了早晨而已。我最近不是在早起吗，看书学习之后，我6点钟到7点钟运动一个小时，感觉非常好。”我很惊讶：“早晨运动一个小时，不会感到非常累吗？”小周说：“我就知道您会这么问，因为我之前的想法和您一样。不过当我真正这么去做的时候，才发现不是累，而是像打了鸡血一样，走路都生风。”我陷入沉思：“这是为什么呢？”小周说：“因为运动唤醒了我的身体啊，真的和平日里走路都要睡着的状态截然不同。”我觉得小周说得很有道理，忍不住点点头，并且暗暗思忖：我是否也要把运动的时间提前到早晨呢？

当然，不是所有运动都适合在早起进行的，比如你作为男生想要练就一身腱子肉，你作为女生想要只瘦肚子，而保持胸部的丰满，这样有针对性的训练最好还是等到晚上去健身房在教练的专业指导下进行。要想唤醒身体，就要选择有氧运动，既不会觉得太疲惫和过分透支体力，也能够在运动过程中呼吸氧气，还可以激发身体的活力，可谓一举数得。

把运动的时间挪到早上，让你的早起变得活力满满，精彩无限。作为职场人士，刚好可以以这样的方式唤醒自己的身体，避免坐上地铁依然昏昏欲睡、到达公司还是头昏脑涨的情况发生。让身体的每一个细胞都清醒过来，充满力量，这对于现代人而言很重要。那么，你是否也准备调整运动和健身的计划了呢？

6. 清晨十分钟瑜伽，帮你摆脱疲倦和困乏

近些年来，在中国，瑜伽特别流行，很多人只知道瑜伽的形，而不知道瑜伽的神，对于瑜伽的起源更是不了解。瑜伽起源于印度的喜马拉雅山地带，距今已经有五千多年历史。很多人把瑜伽当成一种体操，盲目模仿瑜伽的动作，却不知道瑜伽在本质上是一种能量知识的修炼方法，涉及的范围非常广泛，对哲学、艺术和科学等领域均有所涉猎。通过瑜伽运动，人们可以控制身体，调整身心，调匀气息，从而保持身体的健康和良好的状态。最初，瑜伽修行者在大自然里进行修炼，在观察周围世界的时候，发现很多动物在受伤之后，都可以通过一定的姿势进行自愈。为此，瑜伽修行者也模仿这些动物的姿态，并且用心地感受自己的吐气纳息和身体的改变，最终创造出瑜伽的体位系统。

在练习瑜伽的过程中，采取相应的体位，我们可以感受到内心的平静，甚至有些高级别的瑜伽修炼者，还能感受到自身能量的汇集，以及自身能量与外部能量的融合交换。不可否认，瑜伽虽然古老，却是世界

文化的瑰宝。在历时五千年沉淀之后，瑜伽依然能够让我们的身心得到协调和统一，从而真正实现身心合一。现代瑜伽经过发展，还纳入了冥想、呼吸等内容。这样一来，瑜伽的作用和功能更加强大，也变成了很多职场人士，尤其是女性朋友缓解压力、修养身心的好方法。

在了解了瑜伽的来源和作用之后，我们再来看瑜伽修炼，瑜伽修炼是否是最适合在早起进行的运动之一呢？如果你曾经看过瑜伽大师的节目，就会发现他们最喜欢在户外山清水秀的地方，或者是清晨或者是黄昏，沐浴着阳光进行修炼。这就像中国武术一样要汲取天地之精华，让修炼更上层楼。

早起，太阳正在地平线上冉冉升起，整个大地都沐浴着阳光，充满了阳气和能量。在这个时候吐气纳息、调养身体，唤醒自己的身体和心灵，无疑是最佳时刻。尤其对于女性朋友们而言，如果在早起进行哪怕十分钟的瑜伽训练，都会让自己的身心达到更好的平衡状态。有的时候，我们的头脑和身体并非同步醒来，瑜伽恰恰可以把我们的头脑和身体同步唤醒，给我们一个从睡眠过渡到清醒的过程。如果说早起不适合立即进行剧烈的运动，那么做瑜伽就是最好的选择。想想吧，在宁静的清晨，伴随着鸟叫，呼吸着沁人心脾的新鲜空气，感受着太阳的生气，舒展着自己的身体和心灵，这是多么美妙的一幅情景啊！就像心灵在舞蹈，就像思想在唱歌。在身体伸展的过程中，我们更加理性地面对自己，甚至一整天都会有平静的好心情和愉悦的好情绪。

瑜伽，可以驱散疲倦和困乏，让我们的身体真正清醒过来，恢复满满的活力，也让我们整个人都变得神采奕奕。当然，练习瑜伽也是有禁忌的，只有掌握正确的方法和技巧，才能让瑜伽发挥积极的作用，否则非但对身体没有好处，反而会对身体造成伤害。为此，要想在早起练习瑜伽，第一，要接受瑜伽老师正规的教学和指导，然后按照正确的动作去做。第二，练习瑜伽最忌讳的就是急功近利。很多瑜伽初学者看到其他人做出高难度的动作，总是心急如焚，恨不得自己也马上做出同样的动作。这样的急躁，只会导致动作过度拉伤韧带，伤害关节，欲速则不达。第三，避免在心情急躁的状态下做瑜伽，而要在心情愉悦平静的状态下做瑜伽，这样才能达到平衡身心的效果。第四，做瑜伽不能在柔软的床上，而是在地板上铺上瑜伽垫进行，要穿着宽松衣服，有助于拉伸动作的展开，然后赤裸着双脚。瑜伽的精髓就是能量的交换和平衡，为此要减轻身体的束缚才能达到最好的效果，也要解放身体才能得到身心合一。第五，在瑜伽练习后，要休息至少半个小时的时间，再进食或者洗澡。第六，当患有不适合进行瑜伽运动的各种疾病时，就不要勉强练习瑜伽，否则会引起身体不适，或者导致身体受到伤害。

运动固然有益身体健康，但是任何运动都需要身体参与并且消耗大量的能量。在进行运动的时候，一定要量力而行，避免过度运动或者不适运动导致身体损伤。在各方面条件都具备的情况下，不妨沐浴着清晨的霞光，呼吸着新鲜的空气，让自己的身心都得到舒展，也让自己能够汲取大自然的力量，让自己内心平静愉悦，面对人生总是从容优雅。

7. 不愁没空发展兴趣爱好

现代社会生活压力越来越大，工作节奏越来越快，尤其是在大城市里生活的年轻人，为了支付高昂的房租、攒钱买房、结婚生子，付出了很大的努力，却依然不能让自己获得安逸的生活。他们日复一日地奔波忙碌，为了应付生活而不得不牺牲自己的私人时间，或者加班，或者学习，或者考证，总而言之，都是为了一个目的，就是让自己活得更好一些，也给家人提供更加优越的条件。然而，等到有一天他们停下来，回过头看看自己走过的路，再反思自己的人生，却不由得感到迷惘：有什么东西是真正属于我的呢？

原来，在如同陀螺一样旋转不停的过程中，他们迷失了自我，丢掉了自己。也许有人会说，如果真的已经在大城市安家乐业，就算丢掉自己也没关系，金钱不是能证明我们的价值吗？幸福美满的家庭不就是对我们一切付出最好的回报吗？的确，从世俗的眼光来看，拥有让人羡慕的一切就是成功。但是如果从自己的心灵深处进行反思，丢失自己则是人生最大的失败。

对于任何人而言，活成别人所期待的样子，只是迎合了别人对于成功的要求。只有活成自己想要的样子，才是真正的成功。到了该找回自己的时候了，每一个人，都不要忘记回家的路。那么，在生命的历程中，有哪些东西是真正属于我们自己的呢？不是金钱名利，不是房子车子，不是妻子孩子，而是真正属于我们的兴趣、爱好。

提起兴趣爱好，只怕有很多人都会觉得伤心，也忍不住要为自己抱不平：我们怎么不想发展兴趣爱好呢？没有时间呀！兴趣爱好就像是与我们相伴一生的朋友，你会因为忙碌就与朋友断绝关系吗？当然不会。对于真正的好朋友，你总会抽出时间来，与他联系，一起吃饭、喝茶。那么对于兴趣爱好，我们也需要这样的忠诚。有兴趣爱好陪伴的人生，才是更加充实有趣的人生。否则，人生本来那么苦，压力那么大，又没有兴趣爱好作为调剂，该多么枯燥乏味啊！所以不论生活多么忙碌，不论工作多么辛苦，我们都要坚持发展兴趣爱好。即使兴趣爱好最终不会成为我们的事业，但是却可以给我们增加生活的乐趣，这就足够了。

早起，正是发展兴趣爱好的好时间。每个人的兴趣爱好都不相同，在其他时间段里，也许你的兴趣爱好得不到家人的认可，无法与家人产生互动。又或者你的兴趣爱好非常高雅，必须在安静的环境里进行，如书法、写作、绘画、作词、作曲等。早起的时间里，你不会受到任何人的打扰，世界变得异常清净，你正好可以借此机会发展兴趣爱好，做自己想做的事情，获得内心的平静和安宁，也获得真正的满足和愉悦，何乐而不为呢?

早起的人从来不会发愁自己没有时间发展兴趣爱好，按照心理学上的一万小时定律，即使每天早起抽出两个小时的时间做感兴趣的事情，十几年之后，也可以取得一定的成就。此外，早起做感兴趣的事情效率更高，更容易做到全神贯注、专心致志，为此学习的效果也就更好。

早起的时光就像是我们给自己留出来的私人花园，让我们随时可以溜进去偷偷地玩耍，享受一个人的独处时光。更重要的是，在这个花园里，还有我们喜欢做的事情、希望得到的陪伴，让我们独处的时光变得更加丰富、充实，对于我们内心的成长也是很好的经历和体验。

也许在现实生活中我们住不起别墅，没有豪华的花园，但是在时间无涯的荒野里，只要我们用心经营，总能开辟出独属于自己的一片天地。在这片天地里，我们可以自由自在、随心所欲做想做的事情，获得内心的平静和满足!

朋友们，从现在开始再也不要抱怨自己没有时间做很多事情，尤其不要抱怨自己没有时间发展兴趣爱好。很多事情不是你做不到，而是你是否真心想要做到。当你足够想，你就会想方设法排除万难达成自己的目标，当你的想法没有那么强烈，你就会在无形中给自己找很多放弃的借口。所以，能否在早起的时间里坚持发展兴趣爱好，也是对你是否真心爱好的最好检验！你，经得起检验吗？相信你一定能！

Chapter 7

坚持下去，成为更棒的自己

坚持的力量超乎我们的想象，会让原本平庸的人生瞬间绽放出异样的光彩。在每年的《感动中国》人物中，我们总会看到那些平凡的人不平凡的一面，他们之中有的是乡村邮差，几十年如一日地翻山越岭为村民们传递信息；有的是乡村教师，几十年如一日地守着三尺讲台，用知识浇灌孩子们的心灵。这些平凡的人都因为坚持而伟大，都因为坚持而成就了不平凡的人生。虽然我们都是普通人，做着微不足道的事情，但是只要坚持不懈，就能成就最棒的自己。

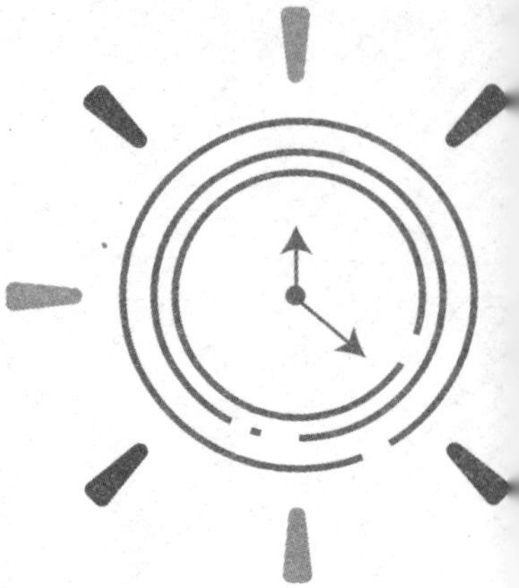

1. 不赛跑，跟时间握手言和

说起时间，很多人的第一反应就是时间流逝，我们一定要与时间赛跑，必须跑得赢时间才算胜利。其实，这样的想法是偏激的，并不能让我们以正确的态度与时间相处，也无法帮助我们真正主宰和驾驭时间。我们和时间并不是天生的敌人，对不对？既然如此，我们为何总是与时间过不去，打着争分夺秒的旗号一定要跑赢时间呢？其实，不赛跑，与时间握手言和，把时间当成我们最忠诚的伙伴，这样我们才能以时间为载体做好更多的事情，也才能借助时间的魔力成就自己。

每个人都有与时间相处的不同方式，在此过程中，他们得到了时间的不同馈赠和回报。有些人总是抱怨时间不够用，在他们喋喋不休的抱怨中，时间悄然流逝，而他们也被时间远远地甩下；有些人觉得必须争分夺秒，为此把自己的生活和工作弄得像打仗一样，每一秒都在冲锋陷阵，丝毫不能消停；还有的人能够合理计划和安排好时间，把所有的时间都进行最有效的利用，不但把生活和工作都处理得很好，而且也有属于自己的时间可以独处和消遣。你，想成为哪种人呢？毋庸置疑，你想成为后者，那么请你停止抱怨，因为抱怨于事无补；也请你不要再对时间虎视眈眈，因为时间是要成就你，而不是要毁掉你。

时间，是组成生命的材料，是生命的载体。如果没有时间，生命就无法延续下去，如果没有时间，一切都会停留在当下，变成绝对的静止。在这个世界上，各种形式的运动都要依赖于时间，可以说，没有时间，整个宇宙都将不复存在。由此可见，时间对于每个人而言都至关重要，但是这并不意味着我们要与时间决斗或者博弈。握手言和，永远比两败俱伤要好，如果你相信自己足够强大，就要找到与时间最好的相处方式，从而卓有成效地提升自己对于时间的利用率，实现时间的最大效用。

我们固然无须与时间决斗，却也不要任由时间就这样悄悄流逝。很多人都觉得自己还很年轻，有大把的青春可以挥霍，为此肆意张扬地叫嚷着“年轻就是资本”，对于时间的流逝丝毫不以为然。却没想到，再回首，看到的是镜子里两鬓斑白的自己，看到的是日渐长大的孩子和逐渐老去的父母。前些年，《时间都去哪儿了》这首歌火遍了大江南北，就是因为这首歌击中了所有人的心：时间都去哪儿了？没有人能够准确地回答这个问题，在生活琐碎的日常中，时间悄然流逝，无声无息，也无影无踪。

时间是如此宝贵，是我们生命历程中唯一不可或缺的陪伴者，既然如此，就让我们和时间握手言和，珍惜时间，把握时间，也利用好每一分每一秒。早起的时间是宝贵的，当你抱怨时间不够用的时候，为何不好好利用早起的时间呢？当你高效利用早起的时间做完大部分重要的工作，在接下来的一整天里，你都会觉得很轻松。当你把单位时间的效率提高，也就相当于拉长了单位时间，更充实了自己的生命。这些都是你与时间相处的好方式，一定要好好琢磨，用心去做。

在这个世界上，并不只有我们觉得时光易逝，很多人都感受到光阴的流淌或者快得如同闪电，或者慢得就像停滞一样。与其被动地等时间来决定我们生活的节奏和生命的脚步，不如从现在开始，抓住每一个早起的晨光，驾驭和主宰时间，成为时间的主人，让时间在我们面前变得驯良。

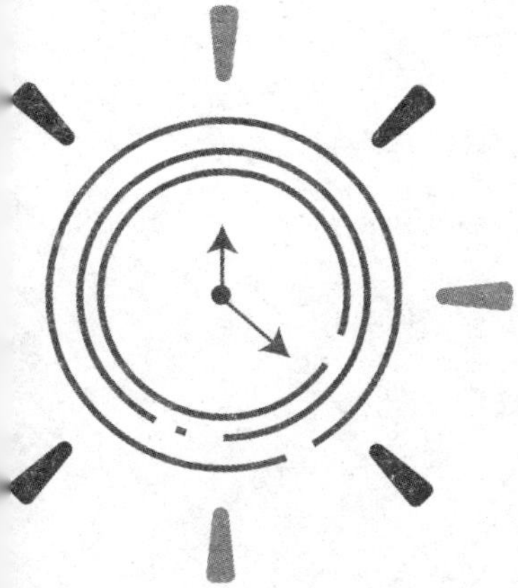

2.每天4点起床，自控力自然养成

所谓自控力，顾名思义，就是自己掌控自己的能力。正如一位名人说的，每个人最大的敌人就是自己。在自己与自己的较量中，我们最容易露出怯意，这是因为我们知道自己纵然可以在很多方面表现优秀，却未必能够真正掌控自己。现代生活中，有太多的人承受着重重压力艰难地生存，也有太多的人越是在压力山大的情况下越是表现出拖延和懒惰的特点。这其实与人趋利避害的本能有关，当感觉到自己的利益受到威胁，人们就会情不自禁地想要抗争，身体也会不受控制地做出许多反抗行为。

不可否认的是，能够把4点起床作为一种享受的人绝不是刚刚加入晨型人队伍的。相反，他们已经熬过了最初艰难的时刻，要无数次战胜清晨想要继续赖在被窝里睡懒觉的冲动，最终才能做到在凌晨4点自然地醒来，心情平静地穿衣洗漱。要想养成早起的好习惯，坚持早起，绝不是一日之功就能实现的。

前文说过，坚持具有强大的力量，能够使得一种原本被排斥和抗拒的行为变得顺理成章、理所当然。在坚持的过程中，我们还能形成自控力，这不但对于我们做事情本身有所助力，也有助于我们做其他很多事情。通常情况下，能够坚持每天 4 点起床的人，都是自制力很强的人，也有着决心和毅力。

以前，豆豆是个特别磨蹭的人，不管做什么事情都需要别人一而再再而三地提醒，即使这样，也不愿意去做，还要推三阻四。为此，老板简直想把豆豆炒鱿鱼，给自己换一个新秘书。然而，这段时间，老板发现豆豆变了。每天早晨，豆豆都会主动把每日日程拿给老板过目，再当即根据老板的意见进行修改。每当老板交代给豆豆一个任务，豆豆总是当机立断去做，绝不拖延。豆豆这是怎么了？变得老板都不认识了。思来想去，老板决定问问豆豆。

老板：豆豆，你最近怎么像变了个人一样，是有什么想法吗？

豆豆：没有啊，我只是做好我该做的事情。

老板：豆豆，你的生活中发生什么事情了吗？

豆豆：没有没有。我只是从年假过后就坚持早起而已。

老板：早起这么神奇？

豆豆：当然。前期我每天起床前都要和自己作斗争，坚持让意志力获胜。结果，经历了这么痛苦的一段时间之后，我发现起床变得很容易。更神奇的是，我做其他的事情也不再拖延了。在快速完成各种事情之后，我感觉很好，很自信，也认为自己还是有一定能力的。所以我要努力认真地工作，争取在工作上更上一层楼。

早起就是如此神奇，不但能够增强一个人的意志力，也能够让一个人从慵懒懈怠和拖延的状态中摆脱出来，变得当机立断，效率很高。很多人误以为改变总是片面的，其实，任何改变给人带来的都不仅仅是一个方面的变化，而是会在无形中影响人的方方面面。就像案例中的豆豆，仅仅因为早起，就能够在工作上有脱胎换骨的改变，这是因为早起不仅仅提前了起床的时间，坚持早起更是磨炼人的意志，提高人的自控力。当一个人拥有自控力时，自然会变得更加强大，在很多方面都能够把控自己。我的人生我做主，只是想想就很酷，对不对？那么，你想拥有这样酷酷的人生吗？

很多人都为了培养自控力而发愁，总觉得有些时候身体不是自己的，情绪不是自己的，精神也不是自己的。这样灵肉分离的状态让人很难受，那么，不妨从坚持早起开始做起。当你日复一日地以意志力战胜自己，坚持在4点钟睁开眼睛，起床，你就会在不知不觉中变得更加强大。自控力是做很多事情必须具备的品质之一，如面对学习，孩子们觉得很疲惫，但是却因为在理智上知道必须学习而坚持学习。面对繁重的工作和让人压抑、无法喘息的现实，作为成人的我们也常常恨不得找个地方躲起来，再也不出现，但是这样的逃避非但不能解决问题，反而会使问题变得更加糟糕，为此我们需要做的就是咬紧牙关、挺直脊梁，坚持走好人生的每一步。对于弱者而言，苦难是毁灭的深渊；对于强者而言，苦难是晋升的阶梯。你想成为强者还是弱者，完全由你说了算！来吧，相信自己，你就可以征服世界！

3. 坚持早起就是超越每一个昨天的你

俗话说，三月不减肥，四月徒伤悲，所以我这个大胖子最近开始实施减肥计划，每天都坚持跳绳，五百个起。对于沉重的身体而言，跳绳并不是一件轻松的事情，每当起跳一下，我都能感受到双腿承受的巨大压力，第一天跳绳结束，我的小腿，在脚踝上方的位置，就疼了好几天。但是我深知不能放弃。次日，我在腿很疼的情况下继续坚持跳绳。和第一天轻轻松松一口气跳了一百五十个不同，第二天第一次开始跳，只跳了一百个，我就气喘吁吁，小腿更疼了。这个时候，我忍不住想道：也许我的体重根本不适合跳绳，我要不要放弃呢？这样坚持下去有意义吗？会不会导致我的腿部受到损伤呢？带着这些乱七八糟的想法，我继续跳了二百个。但是这距离五百个的基础任务还差两百个，距离六百个的目标任务还差三百个。这可怎么办呢？

我别无选择，硬着头皮、忍着疼痛，继续跳下去。等到好不容易跳完五百个，开始向六百个冲刺的时候，我居然莫名轻松起来。身体似乎变得轻盈了一些，腿部的疼痛也有所缓解。六百个结束，我感到内心很轻松，充满了成就感：我今天居然跳了六百个，比昨天多了一百个，我简直太厉害了。对自我的超越让我沾沾自喜，也让我感受到自身强大的力量。

我为何如此欣喜呢，甚至比获得了成就、打败了敌人更高兴？主要是因为我战胜了自己。一个人即使力气很大，也不能把自己举起来，只看这句话，你就应该知道战胜自己的我有多么强大了吧？你也可以做到和我一样强大，从生活中点点滴滴的小事情开始做起，这样就能循序渐进提升自信，最终不断地突破和超越自己，成就崭新的、强大的自己。

坚持早起看似一件很简单的事情，其实一点儿都不简单。早起一天，哪怕是通宵不眠，也没有什么大不了的。真正难得的是，每天都早起，而且无须闹钟就能在同样的时间醒来，这样的我们每天都得到新生，每天都拥有崭新的自己，每天都变得更加强大。这是一件很让人欣喜的事情。

很多早起的朋友之所以不能坚持，就是因为他们把早起这件事情看得太简单，也没有端正对于早起的态度，更没有重视早起这件事情。一件小事只要能够坚持下去，几十年如一日，就会收获让人惊喜的结果。早起，更是对毅力的考验，也是对人生的坚持。坚持早起的人能够勇敢地面对人生中的一切境遇，因为他们从来不会回避，也不会怯懦和畏缩。他们愿意早起，让自己的时间更从容；也愿意早起，让人生多一些时间可以做更有意义的事情。早起的人内心都充满了希望，他们每天伴随着朝阳升起，迎着霞光开始一天的劳作。

每一天的坚持，都是对于昨天的自己进行超越。一切昨日的成就都已经成为历史，并不代表我们现在的真实水平。所有的明日都还未到来，我们尽管可以憧憬明天，却不能只把希望寄托在明天。有人说，人生只有三天的时间，那就是昨天、今天和明天。实际上，人生真正能够把握在手中的只有今天。唯有过好每一个今天，才是对昨天的最好交代，也才是对明天负责任的态度。很多伟大的人都提出要活在当下，正是这个道理。

俗话说，好汉不提当年勇。就算提起当年勇，也要以过往对于今天的自己表示激励。例如，等到了明天，我想起自己今天跳绳六百个，那么我的目的是激励自己在新的一天能够打破纪录，跳到七百个。这样日复一日，循序渐进，我才能取得更大的进步，而不至于停留在原地。对于早起的人们而言，昨日的早起不代表今日的早起，面对每一个今日，都要以意志力来督促自己起床，再以自控力管理自己充实地度过早起的时间，这才是对自己负责的态度，也是不辜负早起的表现。如果起床之后只是头昏脑涨地做些无关紧要的事情，那还不如把宝贵的时间用于休息。

人生，总是在权衡利弊中度过。有人说人生是一场未知的旅程，有人说人生是一次出海的航程，也有人说人生就是选择。每个人说的都有道理，而从终极意义上来说，人生就是一场无数次的选择。对于可以决定的事情，我们选择如何去做；对于不能决定的事情，我们选择面对和接受。面对变化无常的人生和纷繁复杂的世界，不管我们作何反应，都可以归结于选择。而我们这么辛苦和努力，拼尽全力去奋斗，无非让自己拥有更多的选择权利，也在选择的过程中主宰和驾驭人生。

当你开始早起之后，面对一个崭新的早晨，你可以选择一如往常地早起，也可以选择以天气不好等为由，赖在床上睡到中午。你有权利做出选择，然而，选择也有权利对你产生影响。当你打破了习惯，放纵自己，哪怕只有一次，你会发现在放纵之后的下一个早晨，早起对于你而言变得更加困难。这个时候你才恍然大悟：原来，每天看似平常的早起并不寻常，在一次又一次坚持早起的过程中，我们的“功力”渐长。而当有一天我们突然选择睡懒觉，就像一个武功高手破了功一样，接下来很多事情都会处于失控的状态。例如，我在有一天没有战胜自己的懒惰因而中止跳绳一次之后，次日我一点儿都不想跳绳，觉得自己浑身都疼，也觉得跳绳对于减肥毫无作用，还觉得跳绳会让我受伤。总而言之，我想到的一切都是关于跳绳的负面作用和影响，毫无疑问，我是在为自己的逃避行为找借口。我当机立断拿起绳子跳起来，即使非常疲惫，我也努力坚持。我跳了八百个，我的想法突然转变了，我想到的都是关于跳绳有利身体健康的一面，我甚至幻想着通过跳绳减掉二十千克的体重。这件事太神奇了，不是吗？但是，这就是你我的本能。我们时刻都要提醒自己，戒备自己的偷懒和拖延行为，才能当机立断去做该做的事情，也给予自己最好的交代。

记住，每一天早起，都是超越昨天的你，如此简单和容易的蜕变，为何不坚持下去呢？要相信坚信的力量，当你坚信自己一定能够做到，你就真的能够做到。

4. 对手还没醒的时候你起了，世界就是你的

看到这个标题，你是否想起了一句话：众人皆醉我独醒。这句话出自《楚辞 · 渔父》，原句是“举世皆浊我独清，众人皆醉我独醒”。当时，屈原郁郁不得志，看到残酷的社会现实却又无力改变，只能发出这样无奈的呐喊。如果把这句话放在现代社会来看，我们不妨将其改变一下，变成“众人皆睡我独醒”，这样一来，我们就能占据早起的优势，相比对手更早地开始工作、学习，自然能够笨鸟先飞，先人一步。

记得曾经在电视上看过一部纪实影片，名字叫《七十七天》。这是一部关于穿越西藏无人区的影片，全程真人真景拍摄。据说江一燕出演这部电影是零片酬，由此可见，这部电影给身为演员的她带来了深深的震撼。另一位剧中的主角杨柳松由赵汉唐饰演。这部影片根据杨柳松的真实经历改编。整部电影视角宏大，尤其在穿越无人区的时候，面对着天与地相连，而放眼望去身边没有一个人，甚至没有一棵树、一根草。头上是蓝天白云，脚底下也是蓝天白云，使人油然生出一种

前无古人、后无来者的苍茫之感。即使隔着屏幕，我们也能感受到那种抛弃了全世界，抑或被全世界抛弃的感觉。当你在凌晨 4 点起床，看着窗外漆黑的夜还没有散去，周围静悄悄的没有一点儿声音，你也会产生相似的错觉。你觉得自己在别人都不知道的时空里，隔着一段距离去审视这个真实的世界。如果你非常自信，甚至有些自负，你还会觉得自己就是世界的主宰，具有众神之主的力量。

的确，此时此刻，你的对手们还没有醒来。虽然你看不见他们，他们更看不见你，但是你是清醒的，他们正在与周公相会。此时此刻，如果他们就在你的眼前，你就算朝他们吹胡子瞪眼睛，他们也看不到。当然，努力如你，不会做这样幼稚可笑的事情。你会抓紧早起的时间，努力缩小自己与对手之间的差距，赶超对手，你也会抓紧时间提升自己的真实能力与水平，因为你知道靠吹嘘得到的一切只能掩饰一阵子，却无法让你领先一辈子。

你还记得龟兔赛跑的故事吗。虽然乌龟和兔子在发令枪响起后一起奔向目标，乌龟跑得很慢，兔子跑得很快，但是兔子因为骄傲轻敌，居然跑到半道的时候在大树底下乘凉，还一不小心睡着了。乌龟呢，知道自己爬得很慢，因而一直努力不懈地往前爬。尽管森林里的小动物们都不看好乌龟，觉得乌龟无论如何也比不过兔子，但是在兔子呼呼大睡的时候，乌龟到达了终点。如果兔子睡得更久一些，相信乌龟就算出发比兔子晚、起点比兔子远，乌龟也能凭着锲而不舍的精神战胜兔子，赢得冠军。

我们既没有独特的天赋，也没有过人的背景，更不可能得到贵人相助，要想改变命运，扭转局势，只能和乌龟一样坚韧不拔，锲而不舍，不到最后一刻绝不轻易放弃。否则，如果乌龟在比赛开始前就向兔子认输，还能得到这样惊喜的结局吗？事在人为，哪怕兔子没有睡觉，乌龟失败了，相信乌龟也会爬到终点，完成这次比赛。现实生活中，很多平凡的人都缺乏乌龟的精神，总是迎难而退，畏缩不前，还会因此而失去自信，觉得自己做什么事情都不行，不愿意尝试，如何能够给自己机会获得成功呢？

作为乌龟，我们要想战胜对手，获得成功，就要赶在对手起床之前起床，提前做那些该做的事情。也许一天两天，我们相比对手并没有优势，但是当我们日久天长地这样坚持下去，就一定会经过积累把点点滴滴的努力叠加起来，形成优势。这样一来，我们还担心无法战胜对手吗？此外，我们无须处处都和对手相比，因为一个真正强大的人，不会把别人作为自己进步的标杆，更不会在盲目与他人比较的过程中扰乱自己的情绪，让自己变得迷惘。真正明智的比较，是把今天的自己和昨天的自己比较。每一天，只要我们都比昨天的自己有所进步，我们就向成功前进了小小的一步。等到我们的实力越来越强大，再去与那些实力相当的人进行比较，作为对自己的激励，才会获得成就感，也才会因为小小的成功获得满足，更加充满力量。

你一定没想到早起之中居然有这么多道理吧？从现在开始，不要再纠结新的一天是否早起，而是马上振奋精神起床，做好自己该做的事情，让自己真正具备优势与对手博弈！

5.4点起床，远离裁员危险

在现实的职场上，我们总是对于那些善于阿谀奉承或者拍上司马屁的人非常反感。其实，适度地和上司搞好关系，赢得上司的尊重和信赖，得到上司的重任和托付，这绝不是一件糟糕的事情。如果你本身就有很强的能力，是公司里不可或缺的重要人物，那么你的前途就会更加光明。

通常情况下，公司因为各种原因需要裁员的时候，一定会先裁掉那些工作能力欠缺、人际关系不好的员工，而不会轻而易举就放弃那些工作能力很强、擅长人际关系，也能与其他员工团结协作、和上司搞好关系的人。公司正要依靠这样的人才能得到更好的发展，那么，如何才能让自己成为被挽留的对象，而避免被裁掉呢？一则要努力提升自身的能力和水平，用实力为自己代言；二则要搞好人际关系，使得自己处处受人欢迎。要想做到这两点，其实都很不容易，不过只要坚持和努力，还是可以做到的。

在自然界，很多动物都喜欢集体行动，而很少落单，这是因为它们知道只靠自身势单力薄的力量无法对抗强大、凶猛的敌人，必须与其他伙伴精诚团结和协作，才能保障自身安全。同样的道理，在残酷的职场上，生存斗争的激烈程度丝毫不逊于自然界，每个人要想生存下来，也必须抱团取暖，成群结队。也可以说，避免落单，是职场人士保全自己、避免被裁员的有效方式之一。

看到这里，也许有些朋友会觉得不以为然：要想在职场上生存，只能用实力为自己代言，其他的一切都是花拳绣腿，不值一提。其实不然。我们不妨换个角度来思考问题，想一想，如果我们作为负责人承担起裁员的责任和重任，那么我们如何做，才能最大限度保证公司的利益呢？除了考虑一个人是不是人才，能否为公司创造价值之外，你还需要考虑的是裁掉这个人，是否会影响安定和团结。如果裁掉一个人使那些不必被裁掉的人都人心惶惶，而且会闹意见，甚至会主动辞职，不得不说这对公司而言损失太过惨重。对于这样的人，你一定不会轻举妄动。还有些人和上司关系很好，一旦你裁掉他们，他们就会越级上报，甚至会让上司对你有意见。这样一来，你岂不是搬起石头砸自己的脚吗？你当然也不会。由此可见，对于一个人脉关系很广泛的人，对于一个和上司私交甚好的人，你总要考虑到对方庞大的根系和广泛的影响力，更不希望因此而得罪上司。

看到这里，此前认为裁员要以能力为唯一标准的人，是否想明白人际关系对于裁员的重要影响作用了呢？那么，我们到底要如何做，才能建立和维持良好的人际关系呢？如果仅从目前来看，你还没有办法在公司里形成影响力，也没有特别出类拔萃的地方可以用来作为自己的正面标签，不如先坚持做能做到的事情，诸如每天都坚持早起提前到达公司。也许一天两天……一段时间内大家不会对你有深刻的印象，但是一年两年过去，大家渐渐地就会对你形成深刻的印象：这个人很勤奋，每天都第一个到达公司。在这种印象的作用力下，即使有些同事和你之间并没有太多的交集，他们也会由衷地认可和赞赏你，一旦有机会就会与你交往，也会很乐意与你合作。

不得不说，这是一个唯物主义的世界，很多事情都不是跟随我们的心意发展的。既然如此，我们要做的不是自暴自弃，而是要优先做那些我们可以做到的事情，诸如坚持早起，坚持早早到达公司，优先处理重要且紧急的事情，总是能够保质保量地完成所有工作。当然，早早到达公司，你有更多的时间可以和同样早去的同事打招呼，或者邀请对方一起喝杯咖啡。在只有很少同事在场的情况下，办公室的氛围没有那么紧张，相信对方会更愿意敞开心扉与你沟通。这些都是早起早到的好处，说出来的只有十之一二，而没有说出来的要等待你去亲自感受和领悟。

从自身的角度而言，早起也会让你整个人都从容不迫。和那些总是迟到早退的同事被工作追赶相比，你总能够赶在工作之前，也是时间的领跑者。可想而知，你的人格魅力会很强，也会带给身边的人正能量。要相信，同事们对你至高的评价并不只是在心里说说而已，有的时候，他们和其他同事闲谈，或者偶然的机会和上司相处，很有可能会由衷地赞赏你，使得其他同事和上司都对你刮目相看。这是早起的福利，也是对你努力勤奋最大的回报！从现在开始，请充分利用早起的每一分钟，也要始终坚持早起的好习惯。要相信，天道酬勤，对于如此努力的你，命运一定不会亏待你！

6. 为了避免最糟糕的结果出现

憧憬未来，固然能够让我们有强烈的动机去做很多事情，但是有的时候任务太难，或者障碍无法逾越，我们就会情不自禁地畏缩，安慰自己：“没关系，即使结果不能如愿以偿也不错，还是可以接受的。”这样的委曲求全，或者对期望的结果打折扣，会导致我们行动的动力减弱，行动的力量变得很小，也就导致我们对于自己开始放任，不愿意继续拼尽全力。

不管做什么事情，开始也许很困难，但是更难的却是坚持。在勇敢迈出了第一步之后，如何走好此后的每一步，直到真正的成功到来，这很重要。心理学家曾经研究发现，大多数人的先天条件相差无几，之所以有的人总是能够获得成功，而有的人则总是失败，不是因为前者天赋很强，也不是因为后者天生就有很大的缺陷，而是因为成功者总是能够坚持不懈，不遗余力去努力，而失败者或者因为害怕和恐惧不敢开始，或者在开始之后因为内心胆怯而选择逃避和退缩。就这样，失败者虽然有了开始，却没有坚持到最后。俗话说，笑到最后的人才笑得最好，我们也要有坚持笑到最后的精神，才能排除万难、成就自我。

既然正面的激励不能总是让我们充满动力，那么必要的时候，我们还可以拥有另一个强大的动机，即预想到如果不做会引起的糟糕后果，从而为了避免最糟糕的后果，而鞭策和激励自己一刻不停地努力向前，绝不懈怠，更不轻易放弃。和正面激励相比，巧妙地运用这种方式来把自己逼向绝境，也能取得事半功倍的效果。

说起来让人难以置信，我当初之所以选择要老二，完全是因为想给一成不变的生活以改变的动力，让生活不得不呈现出崭新的面貌。当初，我和一穷二白的老公完全裸婚，什么都没有，就敢大胆地携手走入婚姻的殿堂，还很快生下了儿子。后来，我们凭着努力购买了人生中的第一套房，虽然只有六十多平方米，却很温馨，是我们一家三口都深爱的家。房子买得早，月供很少，又因为没有老人帮忙带孩子，我就在家里做起家庭主妇，老公一个人负责赚钱养家。虽然不是大富大贵，但是日常开销、还月供、养车子还是够的。五年时间过去了，老大都五岁了，我们的生活还是一成不变。我有些按捺不住，深感青春的悄然流逝，就这样止步不前怎么行？正巧，这个时候儿子成天缠着我们要个小妹妹，老公当然不想要，我却动了心：如果不主动创造生活的变化，生活何时才会有变化呢？两年之后，小妹妹出生，我们卖掉了小房子，贷款买了一套四居室。考虑到压力一下子增大好几倍，且不说有两个孩子要养活，只是月供就翻了好几番。这个时候，父母也都退休了，我决定把父母接到身边来帮忙带孩子，我则四处找工作。

看到原本当着安逸家庭主妇的我就像变了个人一样，老公也急迫起来：必须努力挣钱啊，不然还不上月供，一家老小都只能睡大马路去，闺女就没有钱喝奶粉了！

这个结果当然是我们都不愿意看到的，所以在短短半年时间里，老公凭着拼搏和努力，得到升职机会，通过内部竞聘到了一个二线城市当区域总监。为配合老公工作，我们全家马上如同候鸟一样从已经生活了十几年的北方城市，搬迁到南方城市。地域的巨大差异让我们面临气候、生活习惯和人际关系方面的很大不同，但是这一切困难，我们都有信心去战胜和克服。因为我们根本承受不起输的后果，所以我们只能拼尽全力勇往直前。

不得不说，为了避免最糟糕的结果出现，有的时候我们油然而生的动力是非常巨大的。当你无法坚持一件事情的时候，诸如早起，不妨想一想由此引起的其他后果，比如你又要在早高峰阶段如同沙丁鱼一样被挤在地铁车厢里，到公司时浑身臭汗觉得自己就要馊了，却连喝口水的时间都没有，就要开始应付各种工作，你失去了傍晚按时下班的悠闲安适，不得不在其他同事下班的时候留在办公室里继续挑灯夜战，每天晚上披星戴月才能回家，甚至一连几个月都看不到傍晚太阳落山的情形；你失去了从容，被时间追赶着往前跑，仓促地做很多事情；你又开始厌恶自己，也不想继续这样走路带着小跑却依然挣扎在贫困线上的日子……有谁愿意每天都如同热锅上的蚂蚁一样团团转呢？有谁愿意成为时间的奴隶，从未有自己的私人时间可以安排和利用呢？如果想要避免这一系列的结果，就一定要从现在开始努力，要坚持自己已经开始做的正确的事情。

没有人知道未来会是什么样子，但是命运总会眷顾那些非常努力的人，这是不变的定律。哪怕是非常平凡和微小的事情，只要始终坚持去做，也会创造奇迹。那么，我们为何不能在凌晨4点就睁开眼睛，做最早迎接太阳的人呢？时间总是不够用的，让自己跑在时间的前面，让人生变得更加从容，肯定是没错的！

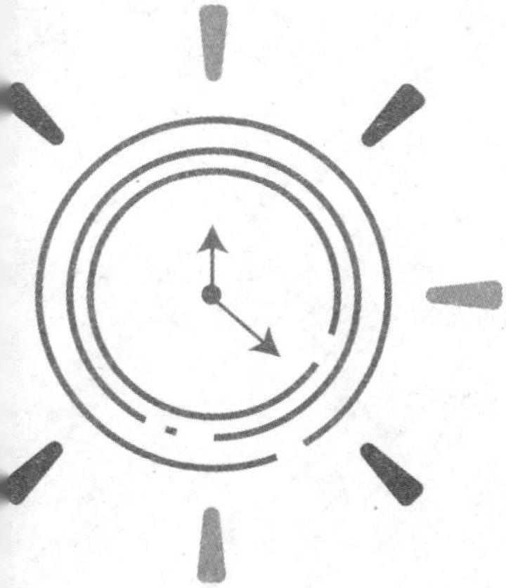

7. 有对手，才能证明你的实力

俗话说，看一个人的底牌，看他的朋友；看一个人的实力，看他的对手。毋庸置疑，人人都希望自己能够结交更多的朋友，因为多个朋友多条路，而不愿意遇到对手，尤其是那些实力强大、旗鼓相当的对手。这是因为一旦被对手打败，就会觉得丢了面子，受到挫折和打击。其实，是因为对手会对我们造成这样的威慑力，对手才能促进我们成长和发展。记得在很多武侠小说里，那些绝世武功高手都会四处找人比武，就是为了与真正的对手切磋，从而在切磋过程中发现自己的不足和劣势，也让自己得到完善和提升。如果武功高到天下无敌，没有对手，则意味着前进的脚步会停下来。

高处不胜寒，真正的孑然于世，并不是一件好事。虽然盲目地攀比和爱慕虚荣是要不得的，但是如果总是沉浸在自己的世界里，或者妄自菲薄，或者狂妄自大，结果将会非常糟糕。只有与朋友相依相伴、与对手一较高低的人生，才会更加充满力量，也才会始终坚持前进。

在早起的道路上，我们不但需要志同道合的朋友相互激励，继续坚持早起，也需要有早起的对手，这样才能在对手的督促下，让自己更加警醒和保持动力，也才能在对手的较量下，始终认识到自己的劣势和不足，从而有的放矢提升自我。也许有些朋友会觉得好笑：早起也可以拿来比赛吗？当然。只要你有一颗不甘于认输的心，就可以在很多方面与他人进行比赛，展开博弈。

最近，小马来公司的时间明显比以前早了。以前，小马是个迟到大王，常常因为贪睡而错过早班车，路上又遭遇堵车，所以到达公司往往晚了半个小时。最近，小马一反常态。他不但坚持早起，早早到达公司，而且有越来越早的趋势。是什么让小马的改变如此之大呢？原来，小马在和小丁开展比赛。

小丁是晨型人的前辈，已经坚持早起好几年了。有一天，刚开始早起的小马早早来到公司，而小丁因为某些原因居然破天荒地迟到了。为此，小马不屑一顾对小丁说："前辈，您今天来得可是有些晚，难道闹钟没响吗？"小丁对于小马的调侃不以为然："每天早晨我起床的时候，你还在和周公相会呢！你才早起几天，还不知道能否坚持下去呢，就敢在我面前吹嘘？"被小丁这么奚落，小马面子上挂不住，当即说："后来居上，您知道吗？我呀虽然早起开始得晚，但是以后每天都会比您早，不信等着瞧。"小丁说："好啊，难道我还怕你不成。从明天早晨开始，咱们展开比赛，看看谁到得更早！"第一天，小马4点钟起床，乘坐第一班班车来到公司，果然是整幢大楼里第一个到的，比清洁工到得都早。小丁没想到小马这么早来，有些疏忽大意，直到8

点钟才来，这个时候，小马已经工作两个小时了。第二天，小丁早起之后在家里没有逗留太久，也搭乘早班车来到公司。当天，小丁下午早早地就完成工作。一个月的时间里，不是小丁第一个来到公司，就是小马第一个来到公司，他们都憋着一口气，谁也不愿意服输。

比来比去，小丁与小马没有拉开差距。为此，他们以考取职业资格证为目标，相约利用早起的时间学习和提升自己，看看谁先考取证书。这是一个漫长的过程，相信等到较量结束，小丁和小马都会因为早起、学习而变得与众不同。

对手，不是敌人。很多人误以为对手就是敌人，为此对对手总是怀着敌视的态度，也恨不得与对手决一死战。如果说我们与敌人之间怀着恶意，相互仇恨和敌视，那么我们和对手之间则没有那么多的恶意，只是想要进行正当的竞争。

做任何事情，曲高和寡是无法获得进步的，只有与实力相当的对手较量时，才能激励自身不断地努力进取，获得进步，真正成长。所以从某种意义而言，我们要感谢对手，因为正是对手才成全了我们，让我们变得更加优秀和出类拔萃。对手无处不在，对于对手，我们要持有尊重的态度，也要怀着积极的心态。当我们学会与对手相处，也就学会了激励和鞭策自己不断前进，坚持努力，奋勇直前。

如果对于早起的好习惯你有些厌倦和懈怠了，那么不妨为自己找一个真正的早起对手吧，除了比试谁更能坚持早起之外，你们还可以比试谁能利用早起的时间充实和提升自我，成就更加卓越和优秀的自我。当然，早起不仅仅涉及这两个方面，还涉及其他方方面面。例如，你可以利用早起的时间发展兴趣爱好、学习一些职业技能、处理重要且紧急的工作事务等。要想起得早，就要合理安排好头一天晚上入睡的时间；要想利用早起的时间提前处理工作，让白天变得高效且清闲，就要制订合理的工作计划等。这些都是与早起有关的事情，也是早起的比赛中可以作为目标列举出来的，更是早起真正的意义所在！从现在开始，请感谢对手给予你机会验证自己的能力和水平排名次序，也感谢对手激发你内心巨大的潜能和不服输的精神！相信自己能赢，你就一定能够坚持做到最好！